続・100万人が受けたい「中学歴史」ウソ・ホント？授業

著者 河原 和之

明治図書

はじめに

　大人も子どもも両方が美味しいスパゲッティを作ることは可能だろうか？のっけから授業とは関係ない話だが，これは天海祐希主演のテレビドラマ『Chef～三つ星の給食～』の一話である。一流の料理人である光子（天海）は，親子給食会を開催し，親子で同じメニューのスパゲッティを提供し，両方に「美味しい」と言わしめた。プロの料理人の所以である。

　教師は教えるプロであるから，勉強が苦手な生徒も，また得意な生徒も，同じ"メニュー"（教材）で，双方が意欲的で，しかも，わかる授業をつくることが大切である。そのためには"学力差"のない教材や発問，そして，討議課題が不可欠である。

　「社会科の授業は，誰もが主人公になれる」。ある研究会での若手の先生の発言である。社会科は，教材や内容の工夫ですべての生徒が参加できる"学力差のない授業"が可能である。深い教材研究で臨んだ知的興奮のある授業では，子どもの目も輝いている。授業とは，いわゆる低学力の子どもも含めすべての生徒が参加し，思考・判断できるものでなくてはならない。

　「主体的」「対話的」な「深い学び」が提唱されている。いわゆる「できない子」は，往々にして学習意欲がなく「非主体的」であり，話し合いにも参加せず「対話」も難しい。そこから「深い学び」などはとてもおぼつかない。しかし，意欲的に追究したい教材や授業改善により，ユニバーサルデザイン型授業が可能である。授業では一気に意欲を高める"すぐれネタ"がある。そのネタが単元のねらいと合致すれば，"わかる"授業へと転化する。"すぐれネタ"を開発し，授業に活かすことで，"学力差のない"授業が可能になる。すべての生徒の目が輝く授業をつくることは，プロである教師の責務であり，教える内容を子どもの目線で紐解く眼力が問われている。

2017年2月　　　　　　　　　　　　　　　　　　　　　　　河原　和之

目次

はじめに　3

第1章　エピソード型から脈絡型歴史授業へ　～アクティブ・ラーニングと歴史授業～　7

1 誰もが主人公になれる授業を　8
2 藤原道長が娘にしたこと～エピソードから歴史の本質へ～　8
3 なぜ大津に都をつくったのか？～脈絡型歴史授業～　9
4 民本主義って何？～授業方法の改善～　11
5 アクティブ・ラーニングと歴史授業　13

第2章　「原始・古代」ウソ・ホント？授業　15

1 習得　直立歩行と火は人間生活をどう変えたか？（人類の発生）　16
2 ミニネタ　エピソードと歌で知る中国史（古代中国）　20
3 習得　大阪にワニがいた時代（旧石器時代）　22
4 習得　謎の4,5世紀（大和王権）　24

5	活用	十七条憲法のねらい（聖徳太子の政治）	27
6	ミニネタ	平城京の謎を解く（奈良時代の生活）	31
7	習得	女性が多い戸籍（律令制の崩れ）	35

第3章 「中世」「近世」ウソ・ホント？授業 39

8	方法	武士の発生と成長（グラフ化）	40
9	活用	平安末期の合戦は源平合戦？（平氏と武家政権）	42
10	習得	親鸞ってどんな人？（鎌倉仏教）	46
11	活用	日本がモンゴル帝国に勝てたワケ（モンゴルの襲来）	49
12	方法	徳政令って何？（劇化）	54
13	活用	富を制して天下取り！（織田信長）	56
14	授業方法	信長から，そして信長への手紙（手紙を書く）	59
15	方法	コロンブスのアメリカ到達（おかしいところ探し）	61
16	活用	参勤交代の功罪（大名統制）	63
17	活用	キリシタン一揆は無駄死にだったのか？（島原・天草一揆）	67
18	活用	生類憐みの令は悪法か？（綱吉の政治）	70
19	ミニネタ	ゴッホと浮世絵（化政文化）	75
20	習得	エピソードで考える江戸時代の商品流通と交通（江戸の経済）	79
21	活用	被差別民の生活は苦しかったか？（部落史再考）	84
22	習得	アメリカ来航への危機管理（日米修好通商条約）	89
23	方法	江戸幕府を倒したのは誰か？（ランキング）	95

第4章 「近代」「現代」ウソ・ホント？授業　97

- 24　ミニネタ　なぜ阿修羅像は国宝館に安置されているの？（廃仏毀釈）　98
- 25　方法　"パン"から富国強兵を（時代が見える"モノ教材"）　101
- 26　方法　士族・農民の立場で明治維新を大観（ダイヤモンドランキング）　103
- 27　授業方法　直接国税15円以上は許せないか？（ロールプレー）　105
- 28　方法　日露戦争は自衛戦争か？（部屋の四隅）　107
- 29　習得　米屋を襲うのは暴動か？（米騒動）　109
- 30　授業方法　"おみくじ"から女性参政権を（意外な"モノ教材"）　116
- 31　習得　インド大反乱はなぜおこったか？（イギリスのインド支配）　118
- 32　習得　国名がなかったアフリカ（アフリカの植民地支配）　121
- 33　活用　なぜヒトラーは支持されたのか？（ナチスの経済政策）　124
- 34　習得　地域の戦没者の墓から戦争を考える（アジア太平洋戦争）　129
- 35　授業方法　日米戦争は避けられなかったか？（10段階評価）　134
- 36　授業方法　いつだったら戦争を回避できたか？（ダイヤモンドランキング）　137
- 37　習得　東京オリンピックから国際情勢を（戦後外交）　142
- 38　授業方法　チキンラーメンはなぜヒットしたか？（時代がわかる"モノ教材"）　146
- 39　方法　日本の危機度を考える（10段階で評価）　148

おわりに　150

第 **1** 章

エピソード型から脈絡型歴史授業へ
~アクティブ・ラーニングと歴史授業~

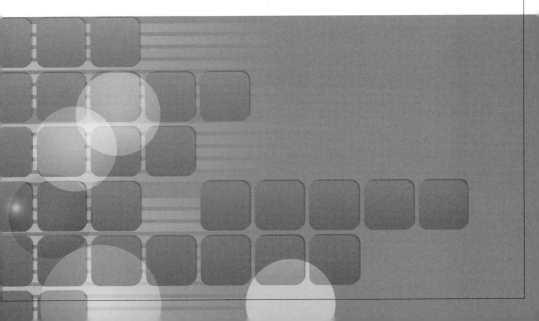

誰もが主人公になれる授業を

　歴史の授業は，脈絡のない暗記強要型が多い。しかし，それではあまりにも面白くないので，ちょっとした人物エピソードをいれる。だが，これも雑学の域をでず，知的興奮もなく飽きてくる。一方，「原因」「経過」「結果」を繰り返す授業は退屈である。「なぜ疑問」を連発する授業もある。これは，学力の高い生徒にとっては面白いが，そうでない生徒は，くいつきが弱い。社会科は「誰もが主人公」になれる教科である。すべての生徒が興味をもち，基礎知識を獲得し，思考・判断力を培う授業をめざしたい。

藤原道長が娘にしたこと
〜エピソードから歴史の本質へ〜

　摂関政治の単元で，平安時代の美人の特徴と似かよったある女優の写真を示し，「平安時代の女性の魅力を3つあげよう。1つは"外見"，2つは"教養"です」と発問。「やんちゃ」な女生徒がさっそく反応を示した。その発言をきっかけに「長くてまっすぐな髪の毛」「和歌が上手」「字がきれい」などの発言が続く。とりわけ3つをあげるとすると「長くて黒い髪」「漢文」「和歌」である。道長は長女彰子を12歳で一条天皇と結婚させた。「それは，子どもじゃない！」と，やんちゃな男子生徒。当時の結婚制度である「妻問婚」の説明をした後，「君なら彰子のもとに通うか」と問う。「もっと大人の女性でないと」（笑）と，もっともな発言。「ベビーは誕生したのか？」一条天皇は，彰子のところに通うことも少なく，6年たっても待望の皇子は生まれる気配はない。「道長が彰子に女性として磨きをかけるためにさせたことは何か？」とグループ討議をする。

> S:「漢文や和歌づくりの素養を身に付けさせるため家庭教師をつけた」
> T:「その人の名は?」
> S:「紫式部」
> T:「源氏物語は何がテーマですか」
> S:「光源氏のラブストーリー」「恋の手ほどき」と楽しそう。
> T:「これで彰子は一条天皇の気持ちをつかんだ」

　このような摂関政治の授業は，すべての生徒が主人公になれる。
　なぜ，この授業では，学力差をこえてすべての生徒が参加でき，しかも知的興奮を喚起できるのか。
　第一に，子どもの興味・関心と学ぶべき事項とが一致していることである。つまり，子どもの視点と教師の視点が統一されていることである。平安時代の美人の条件，平安時代の結婚制度などが，子どもの興味からはじまり，その内容が単元のねらいと合致している。
　第二に，「平安時代の女性の魅力を3つあげよう」「君なら障子のもとに通うか」など，「発問」は，「間違えても恥ずかしくない」発問（?）であり，すべての生徒が主人公になることができる。つまり，"なんでも言ってやれ"という雰囲気のなかで，"学び"が深まっていく。
　第三に，授業形態の変化である。芸能人の写真など興味ある教材を使いながらの，一問一答中心の授業だが，テーマによっては，グループ討議を取り入れつつ授業に変化をつくっていくことが大切である。

なぜ大津に都をつくったのか？
～脈絡型歴史授業～

　645年の大化の改新は，重要語句として教科書に黒字で表記されているが，663年白村江の戦い，667年近江大津京，670年庚午年籍については重要語句としては表記されていない。しかし，この3つの歴史的事項は，古代国家形

成上重要な出来事である。「なぜ遠い大津に都を移したの？」「なぜ，戸籍をつくったの？」そして，「暦」と「水時計」発明の意味と歴史上の脈絡を考えさせることが大切である。

　以下の説明をする。

　7世紀のはじめ頃，唐が力をもち，朝鮮半島では，高句麗，新羅，百済の3国が争っていた。ここで，新羅と唐が手を組み，百済・高句麗を攻撃し始めた。百済は倭国（日本）と古くから交流をもってきたので，倭に援軍を求めた。そして663年に倭は唐・新羅の連合軍と大海戦を交えることになるが，無残な敗北に終わる。

> T：「さあ，日本の危機だ！　唐と新羅の連合軍がいつ日本に攻めてくるかわからない。君だったらどうする？」
> S：「強力な軍隊をつくる」「日本を守るために城をつくる」「先制攻撃で不意うちをする」「話し合いをする」など。
> T：「中大兄皇子は，強力な軍隊，城をつくり，大津へ遷都した」
> 　　「強力な軍隊をつくるためにはどうすればいいだろうか」
> 　　というグループ討議。
> S：「軍備を整える」「でも，兵隊を強くしなきゃ」
> T：「誰を兵隊として集めるかということはどうするか」
> S：「地方の役人にお願いする」
> T：「戸籍をつくり，誰がどこに住んでいるか把握しました」

　大津京への遷都はどうか？　明日香の都では，唐，新羅の連合軍が，大阪湾から攻められた場合，生駒山を越えれば，すぐ攻め込まれる。しかし，大津は，難波から宇治川，桂川を上り，山や狭い谷をいくつも越え，大津まで攻め込まないといけない。これが大津遷都の理由である。

　「大津に都を移すことでもっともイヤだったのは誰でしょう？」と発問。

　答えは「役人」つまり官僚である。なぜなら，明日香での勢力は落ち，家族とも別れ，皇子に衣食住を頼らなくてはならないからである。最後は，「暦」と「水時計」発明である。中大兄皇子は大津への遷都を機会に，政治

にたずさわる役人の時間管理をおこない，天皇に忠誠的な役人を育てようとしたのである。以上の脈絡で，「大津遷都」を学習する。単なる，白村江の戦い，大津京遷都，戸籍・暦・水時計の発明という事項の暗記ではなく，それぞれの事項を関連づけながら，歴史解釈する授業が大切である。

4 民本主義って何？ ～授業方法の改善～

　吉野作造の「民本主義」。教科書には「普通選挙によって国民の意向を政治に反映させる」（東京書籍）と記述がある。しかし，何かわかったようでわからない。「民主主義」とどこが違うのか？　また，吉野作造はこの時期に生起した事件に対して，どのような見解をもっていたのか？

吉野作造に関する《YES & NO クイズ》
①国家の主権は人民にある　②主権は天皇にある　③貴族院は廃止
④衆議院の重視　⑤藩閥政治反対　⑥政党政治の実現　⑦選挙権の拡充
⑧日露戦争反対　⑨対華21か条の要求賛成　⑩中国辛亥革命賛成
⑪5・4運動賛成　⑫朝鮮への同化政策

 答え　①NO　②YES　③YES　④YES　⑤YES　⑥YES
　　　⑦YES　⑧NO　⑨YES　⑩YES　⑪YES　⑫NO

　吉野作造の言説を紹介することで，民本主義の本質と，大正デモクラシーの進歩性と限界を考える。

＜吉野作造の言説＞
藩閥政治：「封建時代に多年に養われたる思想と因習」と反対
民主主義：「君主国日本にはふさわしくない」と反対
対華21か条の要求：「だいたいにおいて最少限度の要求，日本の生存のためには必要欠くべからずもの」と賛成
5・4運動：「民族自決の立場から自発的で革新的精神をもつもの」と賛成
同化政策：「日本人の言うとおりになれという要求である」と反対

民本主義とは何か？　50字程度でまとめる。

回答例

A　主権は天皇にあり，貴族院に反対し，衆議院を重視した。日露戦争に賛成していたが，徐々に考えが変わってきた。（2）
B　完全な民主主義ではないが，民衆の意見を重視する。海外進出にも賛成だったが，後に変化している。（3）
C　国民中心ではなく，国の豊かさや，拡張を考えている。政党政治は，現在のモデルになったと思う。（4）
D　民本主義とは，選挙権を拡大し，一般市民の権利の拡大の実現を求める。しかし，主権は天皇にあるとする点で今の民主主義とは異なる。（5）
E　選挙権の拡充や貴族院の廃止など基本的に民主主義だが，人民主権でないところに限界があった。人民中心ではなく日本中心だったようだ。（5）

（　）内は評価である。クイズの答えをそのまま転記しただけの記述の評価は低い。クイズから民本主義について解釈し，自分の言葉で表現している記述の評価は高い。

「民本主義」とは一言でいえば，内に立憲主義，外に帝国主義という考えであり，天皇という君主制を維持しつつ民衆の利益や幸福を認めようとする。また，封建遺制である藩閥政治を批判している。しかし，対外的には日露戦争を支持し，対華21か条を認める帝国主義的な考えである。しかし，中国や朝鮮で民族自立の運動がおこると，それを支持し，晩年は考えも変わってきたと考えていい。

以上のように，授業方法の改善により，授業を活性化し，基礎知識を獲得し，思考力・判断力を培うことが可能である。本書では「グラフ化」「ロールプレー」「劇化」「おかしいところ探し」「ランキング」「ダイヤモンドランキング」「10段階で評価」など，多様な方法論を紹介する。

 ## アクティブ・ラーニングと歴史授業

　楽しいエピソード，発問の工夫や，授業方法の改善により授業を変えることができる。また，思考力・判断力を培う脈絡型歴史授業を追究したい。
　以上の事例をアクティブ・ラーニングとの関連で考えてみる。アクティブ・ラーニングとは，「教員による一方向的な講義形式の教育とは異なり，学修者の能動的な学修への参加を取り入れた教授・学習法の総称」（中教審答申，2012年8月）と定義されている。具体的な学習活動としてどのようなことが考えられるか？　答申の用語集では「発見学習，問題解決学習，体験学習，調査学習等が含まれるが，教室内でのグループ・ディスカッション，ディベート，グループワーク等」と例示されている。しかし，これだけを見ると，アクティブ・ラーニングとは授業方法の改善と受け取られがちだが，けっしてそうではなく，「『どのように学ぶか』という，学びの質や深まりを重視することが必要であり，課題の発見と解決に向けて主体的・協働的に学ぶ学習」（中教審諮問，2014年11月）とされている。この定義から，3つの実践事例を検証したい。
　第一に，協働的なグループ学習である。「道長が彰子に女性として磨きをかけるためにしたことは何か？」「強力な軍隊をつくるためにはどうすればいいだろうか」「吉野作造に関する≪YES & NO クイズ≫」が例示されている。ここで注目したいのは，3つの課題はすべての生徒が参加できる内容になっている。以上のように，学力差のないテーマ設定から，歴史が"わか

る"協働的問題解決学習が大切である。

　第二に，暗記注入型授業の克服である。「摂関政治とは天皇に変わり政治をすること」「源氏物語をつくったのは紫式部」「中大兄皇子は，大津に都をつくった」「吉野作造は民本主義」という単なる事実や人物の羅列ではなく，その脈絡を理解する展開になっている。その過程を，生徒一人一人の発言や意見交換により結論に導くことがアクティブ・ラーニングである。

　第三に，知識の質である。生徒は，中大兄皇子の大津遷都から対外関係と日本の官僚制の確立を考え，暦と水時計の発明の意味を理解している。また，民本主義においては，〇×クイズから知識を習得し，整理・統合しつつ，民本主義を一般化し，まとめる活動をおこなう。

　以上，アクティブ・ラーニングの観点から，3つの実践事例の分析をおこなった。私が"格闘"（？）してきた東大阪の生徒は，一方的な暗記強要講義型授業では，授業の成立すら危ぶまれる状況で，発言していなければ，"私語""邪魔""エスケープ"をするというのが通常だった。しかし，この生徒たちが，私の教材発掘力，授業力量を鍛えてくれた。

　子どもの目が輝く教材を発掘し，さまざまな工夫を重ね，すべての生徒が生き生き参加できる授業をつくっていくことは，社会科教師の責務である。

【参考文献】

- 仁藤敦史『"都"がつくる古代国家』NHK出版，2012
- 朧谷寿『藤原氏はなぜ権力を持ち続けたのか』NHK出版，2012
- 成田龍一『シリーズ日本近現代史④　大正デモクラシー』岩波新書，2007
- ＊本項で紹介した「脈絡型歴史授業」は，「解釈型歴史学習」を提唱されている，土屋武志氏の主張を参考にした。歴史的事象にはさまざまな解釈があるが，それをすべての中学生に"説"として考えさせることは，無理だと考える。「脈絡型歴史授業」とは，「暗記」歴史学習ではなく，事象を文脈のなかで理解していこうという考えである。歴史学習では当たり前のことだが，多くの実践がそうではないことを鑑み，あえて提案した。

第 2 章

「原始・古代」ウソ・ホント？授業

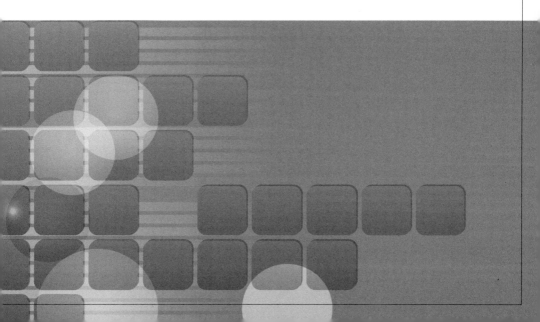

習得

直立歩行と火は人間生活をどう変えたか？（人類の発生）

歴史の最初の授業である。地球の長い歴史から考えると，人類が発生したのは少し前であること，直立歩行と火の発見の歴史的意義を，頭骸骨という考古学的知見から考察したい。

1 トイレットペーパーを使って地球の歴史を学習する

　教室にトイレットペーパーを持ち込み，適当な長さに切った3枚を黒板に貼る。3人の生徒を指名する。

> **Q クイズ** それぞれの事項は，長い地球の歴史のなかでどのあたりなのか，印を付けよう。（左端が地球の誕生，右端が現在）
> ①はじめて生物が誕生したのはどのあたりか。
> ②恐竜が栄えていたのはどのあたりか。
> ③人間が誕生したのはどのあたりか。

<地球カレンダー>

　地球誕生から現在までの46億年の歴史を，1年365日のカレンダーで表す。
　①　2月25日
　②　12月25日
　③　12月31日 AM10：40

　地球上に人間が誕生したのは，長い地球の歴史では，ごく最近であることを実感させる。

> **Q クイズ** 人間はサルから進化した。それでは，動物園のサルはいつ人間になるのか？
>   ア 絶対に人間になれない
>   イ 訓練すれば何世代後かには人間になる
>   ウ 何万年後かには人間になる

アに意見は集中する。しかし，理由は説明できない。もとは人間もサルも同じだったが，サルに進化したほうはサルへ，人間に進化したほうは人間へと進化をとげた。

2 直立歩行の意義

1929年，ペキンの周口店で約40人分の人骨が発見された。この人類はすでに直立歩行をし，火を使っていたとされているが，それは下の頭骸骨からもわかる。

AとB，2つの違いは何か？ 比較してみよう。

A
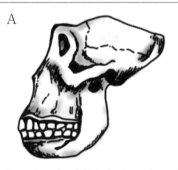

B
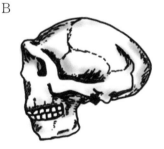

> S:「Aは，あごがやたらでかい」「Bは今の人間に近い」
>   「Bのほうが脳がでかい」
> T:「それでは，時代の古いほうはAとBどちらだろうか」
> S:「Aのほうが古い」

第2章 「原始・古代」ウソ・ホント？授業　17

T:「どうして？」
S:「形が古そう」（笑）

> **発問** Bのほうが脳が発達しているね。脳が発達したのは，直立歩行によります。直立歩行をすることによるメリットを考えよう。

S:「遠くが見える」「足腰が発達する」「手が自由になる」
T:「手が自由になることによるメリットは？」
S:「道具が使える」「字が書ける」「握手ができる」「栽培できる」
T:「脳の発達と直立歩行と，どういう関係にあるのだろう」
S:「いろんなものが見えるから脳が発達する」「道具とかを使うから」
T:「直立歩行により体全体で重い脳を支えられることも，脳の発達に影響する」

ヒトの赤ちゃんも…
直立二足歩行 ⇒ 脳の発達 ⇒ 言語発達

3　火の発見の意義

> **発問** AとBでは，あごの大きさが異なるね。どうしてBのほうのあごが小さくなったのだろう？

S:「現代人と変わらない」「火の発見？」
T:「火の発見とあごの発達と，どういう関係にあるのかな」
S:「火によって食べ物を焼くから，柔らかくなる」

「だから，あごがあまり発達しないのだ」
T：「火の存在をどうして知ったのだろう」
S：「摩擦」「山火事」「落雷」

🗨️グループ　討議 火の発見のメリットをできるだけ多く考えよう。

≪あるグループの事例≫
・動物から身を守れる　・夜の生活ができる
・食べ物が調理しやすくなる　・夜に外出できる
・家族団らんができる　・いろんなものを加工しやすい

　集団のすべての人々が働けるようになり，人間はますます活気をもち，健康になった。生活は前より楽になり，楽しむこともできるようになった。そして，人間は言葉を覚えた。

　歴史の最初の授業であるので，"楽しい感"を醸成したい。地球の長さを実感させるためにトイレットペーパーを使ったが，それは，そのほうがインパクトがあるからである。こんな単純な演出も，授業を活性化させる。

2 ミニネタ
エピソードと歌で知る中国史（古代中国）

なかなか興味をもちにくい中国史。エピソードと歌で楽しく基礎知識を身に付けさせるネタである。

1 替え歌で覚えよう中国史

「もしもしかめよ」の替え歌から中国王朝を覚える。最初は，教師がテンションを上げて歌い，その後，生徒といっしょに数回歌う。

```
殷　周　秦　漢　三国（魏　呉　蜀）晋
もし もし かめ よー かめさん　　　　　　　　よー

南北朝　隋　唐　五代　　宋　元　明　清
せかいのうち でー おま えほど　あゆ みの のろ いー

中華民国　中華人民共和国
ものはない　どうしてそんなにのろいのかー
```

2 王朝名を覚える

数分時間をとり，王朝名を覚え，数名を指名し歌を歌わせる。

＜練習問題１＞
殷（　　）秦（　　）三国（魏・呉・蜀）晋　南北朝（　　）
（　　）五代（　　）元（　　）清　中華民国　中華人民共和国

＜練習問題２＞
（　　）周（　　）（　　）三国（魏・呉・蜀）晋　南北朝（　　）
（　　）五代（　　）（　　）（　　）（　　）中華民国（　　）

3　エピソードで綴る中国史：殷〜秦

Q クイズ 次の甲骨文字を解読しよう。

A 答え
ア 「尻」：穴に毛がはえている（笑）　尿はおしりから水がでる（笑）
イ 「女」　ウ 「母」：女性が子どもを出産し，母乳を与える
エ 「便所」：囲いの中に豚がいて，糞尿などを食べる

Q クイズ 始皇帝は薬をけらいに探させたといわれる。何か？

A 答え 不老長寿

Q クイズ 戦乱の春秋戦国時代には，「儒教」や，現在の算数の基礎も確立している。何か？

S：「分数」「小数」「掛け算」
T：「九九が誕生している」

　この時期の中国では，「一一が1」ではなく「九九81」からそらんじていたから，九九という名前がついたといわれている。日本には，奈良時代に数学の知識が入り，口分田の計算などに使われた。

　歌やクイズ中心の脈絡のない単純な授業だが，こんな授業もたまにはいい。

【参考文献】
・「朝日新聞」2015年9月1日

3 大阪にワニがいた時代（旧石器時代）

習得

「大阪でのワニの発見」「瀬戸内海の恐竜の骨」から，昔は日本列島が大陸と陸続きであったことを学習する。

1 最初のワニの骨の発見

発問 1964年5月3日のことである。豊中市で大阪大学の新学舎建設のための地ならし作業の時，高等学校を卒業して間もない青年により，日本最初のものが発見された。これは何？

S：「骨みたい」
T：「何の骨かな」
S：「人間？」（笑）「歯みたい」
T：「何の歯かな」
S：「マンモス」
T：「ワニの化石が，洪積世という古い地層から発見されました」

★**考えよう** 日本にはワニは生息していないのに，なぜ化石が発見されたのか？

S:「海を渡ってやってきた」
T:「ワニは海に生息するんだったかな」（笑）
S:「川」
T:「日本に生息するはずもないワニの化石が発見されたってことは，当時の日本列島はどうなっていたのだろう」
S:「大陸と陸続き」
T:「ワニはおそらく，当時，陸続きであった中国大陸から日本列島へ川を泳いでやってきたってことだね」

2 瀬戸内海で恐竜の骨が？

★考えよう　瀬戸内海で魚釣りをしていると，時々恐竜の骨がひっかかることがある。ここから何がわかりますか？

S:「恐竜が泳いでいた」「それはない」「瀬戸内海が陸地だった」
T:「そうだね。瀬戸内海は陸地だったんだ。ってことは，瀬戸内海の島々は，当時は何だったの？」
S:「山」
T:「富士山より高い山だったかもしれないね。小豆島の寒霞渓ってところに行くと，山の頂上だったという感じの景観が残っているよ」
S:「へっ！　ってことは瀬戸内海は土地が沈没してできたってことだ」
T:「日本神話では，神様が日本列島をつくり，帰ろうとしたときに，その"しずく"でできたのが"淡路島"ってことになっているけど，これも科学的には誤りってことだね」

「なぜ大阪からワニの化石が？」「なぜ瀬戸内海で恐竜の骨が？」という子どもの疑問から，大陸と陸続きであった日本列島を学習する。子どもたちの発言を整理・統合しながら，科学的に事実を検証する授業である。

習得

謎の４，５世紀（大和王権）

　日本の４〜５世紀のことは中国の本には書かれていないので，考古学の知見から考察する。古墳から出土した鉄剣と好太王碑から，当時の日本を推理する。

1　２つの鉄剣の発見

> 👀**探そう** ４〜５世紀は，中国の本にも日本の記録はない。しかし，稲荷山古墳（埼玉県）と江田船山古墳（熊本県）で「ワカタケル大王」と書かれた鉄剣が発見されました。
> 　この２つの古墳を地図帳で探そう。

　班競争で，どの班がもっとも早いか競争させる。

　右図の場所で発見されている。

> **Q クイズ** 錆びついた鉄剣だったが，どうして「ワカタケル大王」と書いているのがわかったのか？

S：「ヤスリで削った」「大切なものをそんなことしたらダメやろ」
　　「虫眼鏡」「透視したんだ」
T：「どうして？」
S：「レントゲンとかCT」

T:「レントゲンで透視し,文字を読んだ。その時,大王の名前がでてきてびっくりしただろうね」

2 鉄剣発見からわかること

★考えよう この鉄剣発見から,どんなことがわかるか？

S:「大王がいたこと」「すでに鉄の武器があった」
　「大王から鉄剣をもらうような支配者が九州や関東にいた」
T:「関東と九州の支配者は鉄剣を大王からもらったってことだろうね。ここからわかることは？」
S:「大王が九州から関東まで支配していた」
T:「大王から鉄剣を献上されるような,力をもった支配者がいたということと,4～5世紀にかけて,大和王権は関東から九州まで支配していたということがわかりますね」

3 好太王碑文からわかること

Q クイズ 当時,日本列島は「倭」といいました。どうして「倭」なのか？
　ア 「わーわー」言うから
　イ 「わたしは」「わしは」と言うから
　ウ 「和」を大切にするから

A 答え イ
　俗説だが,中国に行ったおりに「わたしは」「わしは」と言ったことに由来する。

👀**探そう** 右の碑文は、朝鮮半島にある「好太王碑文」です。「倭」という字を探そう。

楽しく探している。

全員が探し終えた時点で次のことを問う。

グループ 討議「由来朝貢・倭・・来年来渡海破百残……」の部分だが、何が書かれているのか考えよう。

A:「倭は海を渡りやってきたみたいな……」
B:「倭は使者を来させていた。毎年やってきている」
C:「倭は百済を破った」
D:「倭はあいさつに来ていたが、ある年、百残に破れた」
T:「倭が中国に朝貢、つまり使者を送り、貢物を贈っていたことは確かです。朝鮮半島の百済をはじめとする国々と戦い、勝ったのか負けたのかはわからないが、中国にその支配権を認めてもらおうとしていたようです。いずれにしろ、大王は、関東から九州、そして朝鮮半島へと支配を広めていたことが、3つの考古学資料からわかります」

2つの古墳と、碑から古代史の謎を紐解く授業である。考古学の観点から歴史を考察する楽しさを味わいたい。歴史学習の"謎解き"の醍醐味を体感できる授業である。

5 活用　十七条憲法のねらい（聖徳太子の政治）

　十七条憲法，冠位十二階，遣隋使と，多彩な内容を理解し暗記する聖徳太子（厩戸王）の学習。しかし，どうもこの学習の脈絡がはっきりしない。なぜ，そのような政策をおこなったのかを考えさせることから，時代像に迫る。

1　聖徳太子（厩戸王）エピソード

以下のことを導入にする。
①母親が厩のそばで産気づいたので，厩戸皇子とも呼ばれた。
②釈迦の骨を左手に握りしめて生まれてきた。
③2歳の時には，東方に手をあわせ，「南無仏」と唱えた。
④7歳の時には，百済から献上された本をすべて読みつくした。
⑤豊聡耳命（とよとみみのみこと）とも呼ばれた。これは10人の話を一度に聞いたからだといわれている。

> **Q クイズ**（紙幣の絵を示す）聖徳太子（厩戸王）が手に持っているものは何か。
> 　ア　話を聞いていない人がいたら，注意するためのもの
> 　イ　会議や儀式の時の進行などを書いたペーパー
> 　ウ　威厳を示すためのもの

A 答え イ

第2章 「原始・古代」ウソ・ホント？授業　27

2 十七条憲法，冠位十二階のねらいは何か

簡約した十七条憲法を示す。

この憲法は，誰に対するものですか。

- S：「役人」
- T：「そうだね。役人にどんなことを要求していますか」
- S：「争うな」「仏教を信仰しろ」「天皇の命令に従え」「一生懸命働け」
- T：「つまり，役人の心得や天皇に対する忠誠を誓うようにしろという憲法だね」「当時の天皇は？」
- S：「推古天皇」
- T：「女帝だね」

また，冠位十二階を制定しました。これは，豪族のなかから才能や功績によって官位が個人に与えられる制度です。もっとも高い官位は何色か？

- S：「紫」
- T：「そうです。ところで，この制度のねらいは何ですか」
- S：「身分に関係なく才能や功績によって官位を与える制度」（教科書を読むだけの答え）
- T：「今の答えは何のことかわかるかな？」
- S：「……」

冠位十二階というのは，豪族のなかから才能や功績によって官位が個人に与えられる制度です。このなかで重要と思う語句は何か？

順次，指名していく。「才能」「功績」「官位」「個人」など，意味なく答えている。

T:「これまでは、氏姓制度でした。有力な豪族に姓を与えました。"大連""連""大臣""臣"などですね。この氏姓制度との違いは？」

S:「有力な豪族でなくても役人に使った」「個人を抜擢した」

T:「これが、家柄に関係なく才能や功績により役人を登用したということですね。つまり、氏姓制度と異なるしくみとして、"官僚制"という、優秀な個人を役人に登用したことがポイントです」

「この役人は誰の役人ですか」

S:「天皇」

T:「そうですね。これまでは、豪族に従っていた人から優秀な人を抜擢し、天皇に使える役人とし、官位を与え、十七条の憲法で役人の心得を示したわけです。つまり聖徳太子（厩戸王）の政治は、天皇に忠実な役人をつくり、天皇中心の国づくりを進めることでした」

3 遣隋使，小野妹子

Q クイズ 小野妹子は、現在も続く、ある流派の人です。さて何？
ア 茶道　　イ 華道　　ウ 剣道　　エ 柔道

A 答え イ

T:「華道"池坊"をはじめた人です。寺が池のほとりにあったから、そのような名称になったといわれています」

Q クイズ 小野妹子を通じて、聖徳太子（厩戸王）は隋の煬帝に「日出づる処の天子、書を日没する処の天子に致す。つつがなきや」という手紙を持たせ隋帝を怒らせました。「つつがなきや」とは何か？
ア　お元気ですか？　　イ　元気ですか？　　ウ　元気？

答えは3つに分かれる。

A 答え イ

> T:「『元気ですか？』と対等の感覚で手紙を持参させたので，隋帝を怒らせました」

> **発問** この手紙に対して，隋帝はどうしたか？
> ア 小野妹子を殺した　　イ 日本に戦争をしかけた
> ウ 国交を断絶した　　　エ 怒ったという意思表示をした

答えは「ア」はなし。「イ」「ウ」「エ」に分散する。

A 答え エ

小野妹子を殺すことや追い返すこともなく，隋の使者とともに後日，日本に無事に帰ってきたことを説明する。

> **★考えよう** どうして，隋帝は柔軟な対応をしたのか？

> S:「日本に嫌われたくなかったから」
> 　「よく考えてみたらなかなか日本も強い国だから（笑）」
> T:「当時，隋は朝鮮半島のある国と対立していました。どこの国ですか」
> S:「百済」「高句麗」
> T:「高句麗です。だから，あまりことを荒立てて日本と対立するのはさけようとしたのでしょう」

　聖徳太子（厩戸王）の授業は，「十七条憲法」「冠位十二階」「遣隋使」の事項の暗記という単調な授業になりがちである。天皇制確立に向けた官僚育成という観点と，「どうして，隋帝は柔軟な対応をしたのか？」という発問から，当時の東アジアの情勢を理解させる脈絡ある授業が大切だ。

6 平城京の謎を解く（奈良時代の生活）

ミニネタ

「平城京をつくるためにどんな工事がおこなわれたのだろうか」「平城宮の仕事は」「どれくらいの市があったのか」「なぜ道があんなに広いのか」など。素朴な疑問から，当時の社会のしくみや人々の生活を考える。

1 平城京って

書く　（平城京の白地図を配布する）今から黒板に貼りつける「門」「寺」「邸宅」「市」を書こう。

「二条大路南，六坊大路東には興福寺」と教師が読み上げ，書き込ませる。「わからない」「どこどこ」などという声は無視し，いくつ書けたかを競う。

回答例　羅城門　朱雀大路　東大寺　興福寺　唐招提寺　薬師寺東市，西市　長屋王邸

2 平城京〇×クイズ

①平城京には，全国各地から人々が集まってくる。今でも各地で方言があるくらいだから，作業中は意思疎通できる人だけで会話した。
②平城宮に勤める人は，夜明けとともに出勤した。だから，朝廷という。
③役人たちは徒歩や馬で出勤したが，身分の低い人ほど平城宮に遠く，高い人ほど近い。
④平城宮で働く人たちには休暇があり，大阪や和歌山に行き海を見た。

⑤平城京の東市や西市で販売されていたものは？　間違いはどれか？
絹　木綿　針　筆　墨　太刀　食器　油　塩　米　海産物　薬　牛馬　人

①×各地から集まってくる人が平城京建設で仕事をしていた。意思疎通できないとスムーズに仕事ができない。そこで，共通語が必要になる。このことが，日本における共通語の端緒になったと言われている。
②○役人が，日の出から昼前まで働いたので朝廷という。したがって市は，その終了後の午後に開催された。
③○しかも，身分の高い人は広い敷地を，低い人は狭い敷地を支給された。
④×当時は旅行する習慣もなく，その財力もなかったようだ。だが，地方に赴任した役人や，地方から税を納めに来る人から海の話は聞いていた。

⑤「人」のみ×

3　遷都にむけた仕事と律令制度

　遷都の際には，天皇の住む宮殿や役所，碁盤の目状の道路を造る土木工事が行われた。税には，米や布などを納めるかわりに，労働によるものもあった。平城宮内の整地だけで必要な人数は1万6千人ともいわれている。

土木工事はとても厳しいものだったので，その労働に耐えかねて逃亡する者もいた。逃亡したらどうなったのか？

　S：「つかまる」「つかまって処刑される」
　　　「帰ったら処刑されるから逃亡した」

T:「当時はすでに刑罰も規定されていたから，逃亡者は処刑されました。刑罰のことを何といったかな」
S:「律令？？」
T:「令だね」
「逃亡した場合，その補充はどうしたのだろう？」
「補充した」という意見が多い。
T:「その人の出身地からかわりの人を送り込まなければいけなかったのです。
　　そんなことができたのは，当時，どのようなしくみがあったからかな」
S:「役人がいた」
「国司がいた」
T:「国郡里制度があり，それぞれ国司，郡司，里長という役人がいたからできたわけですね」

　平城宮で働く人が数百人くらいといわれており，建物の管理，穀物や野菜の管理，食事の用意，水や薬の管理，染物，庭園の造成，寺院の建設などの労働もあったことを確認する。

4 75mもある朱雀大路

★考えよう　平城京のメインストリートである朱雀大路の幅は75mもあります。どうして，こんな広い道が必要だったのか？

S:「全国各地からやってくるので混雑するから」
「市などもあり，多くの人が集まるから」「イベントをしたのでは」
T:「朱雀大路の南端には羅城門があり，平城京の正面玄関です。外国から来た使者は，この門の前で歓迎の儀式をしました。儀式として使ったので広い道が必要だったのです」

5 調って何？

> ★**考えよう** 諸国の特産物である調を運んできますが，いろんな疑問があります。例えば，次のようなことです。
> ①誰が運んできたのか？
> ②平城京ではどこに宿泊したか？
> ③国内で特産物を用意できない時にはどうしたか？

A 答え

①運脚夫と呼ばれ，各国の人々が担当した
②各国は税を納めるための施設を持っており，そこに宿泊した
③東西市で購入し，用意しなければならなかった

　教科書では，平城京の人々の生々しい実態については伝わってこない。子どもが知りたい内容から，奈良時代の社会のしくみに迫ることができる。

【参考文献】
・奈良県立橿原考古学研究所編『平城京100の疑問』学生社，2010

7 女性が多い戸籍（律令制の崩れ）

習得

律令制をワークショップ形式で実感的に学習する。我が家の口分田の割り当ての「計算」や，貧窮問答歌から想像した農民の「絵を描く」，農民の負担でイヤなことの「ランキングづくり」から「しくみ」に迫る。

1 君の家族の口分田は

説明 701年に大宝律令がつくられ，6歳以上の男女に口分田を割り当て，租庸調の税金や労役が課されたことを説明する。

計算しよう 6歳以上の男子には2反，女子にはその3分の2の口分田が割り当てられた。君の家族の口分田は何反になるか計算しよう。

＜例＞Ａ家族の場合……父・母・私（男）・7歳の弟
父：2反　母：3分の4反　私：2反　弟：2反

　　　　　　　　　　　　　　　　合計：7反と3分の1反

＊班ごとに集計し，自分たちの班が6班中，何位なのか当てさせる。

2 「貧窮問答歌」の絵を描く！

山上憶良「貧窮問答歌」を紹介する。

絵を描く この歌から想像される，当時の農民の生活の絵を描こう。

＊5分程度で描かせ，お互いの作品を批評させる。

3 「農民！ こんなことがイヤ！」ランキングづくり

説明 農民の税について説明する。

グループ 討議 農民の生活，"苦しさ"ランキング3を作成しよう。

＜例＞ ①防人・庸・調　②調・防人・衛士　③雑徭・防人・庸

T：「それぞれ理由を発表しなさい」
S：「防人は3年間も行かなくてはいけないし，いつ死ぬかわからない」「庸は布といえども，家に機織り機があるわけじゃないし，作るだけでもたいへん」「調は，交通費もでないし持っていくだけでもたいへん。奈良まで遠い」「衛士は，1年間とはいえ，家を離れて奈良で警備するなんてたいへん」

意見交換の後，挙手させる。「防人」「調」「衛士」の順になる。とりわけ正解はない。話し合いの過程で，農民の負担が明らかになればいい。

4 農民の逃亡と墾田永年私財法

書く 下の表は，ある村の「男女別年齢別人口構成」である。気づいたことを書きなさい。

年齢	在帳者数			逃亡者数		
	男	女	計	男	女	計
66歳以上	6	13	19	1	4	6
61〜65歳	1	6	7	0	0	0
21〜60歳	60	101	161	8	20	28
17〜20歳	5	12	17	1	1	2
16歳以下	72	60	132	0	2	2

（北山茂夫『大仏開眼』福村書店，1951）

・女の人が多い
・16歳以下は男が多いのに，17歳以上になると女が多くなる
・逃亡する人がいる

戸籍に"ほくろ"など顔の特徴を書いていた。なぜか？

S:「口分田をだましてとらないように」
　「税金を払わない人がいる」
T:「どうして男性より女性が多いのか」
S:「防人などに行って亡くなる人が多いから」
　「でもあまりにも多すぎない？」
　「防人以外に，労役や調を持っていく時に，襲われたり，食べ物がなくなるから」
　「男なのに女と届けてる」
T:「どうして？」
S:「男のほうが負担が多いから」
T:「生活が苦しい農民は，男を女と偽ったり，逃亡したりしました。逃亡した時にすぐ見つけられるように，"ほくろ"などと書くようにしました。逃亡すると，口分田はどうなるか？」
S:「口分田が荒れる」
T:「人口も増え，口分田が荒れると，口分田が不足するので，墾田永年私財法がだされた。開墾すれば，私有を認めるようにした。これにより律令制が揺らいできます」

「活動」を通じて，「学力低位層」をはじめ，すべての生徒が授業に参加できるよう工夫することが大切である。「貧窮問答歌」「農民の負担」「男女別年齢別人口構成」の３つの定番資料を，有効に活用しながら，奈良時代の農民像と律令制の揺らぎについて学習する。

第 3 章

「中世」「近世」ウソ・ホント？授業

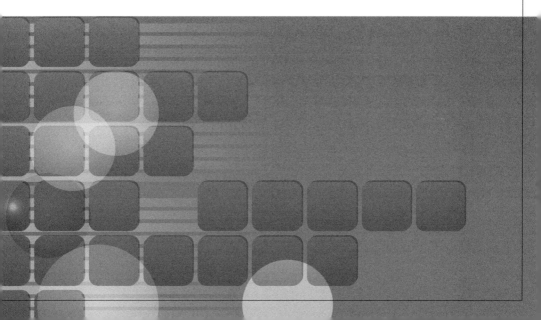

8 方法 武士の発生と成長（グラフ化）

平安時代から鎌倉初期までの，武士の発生から成長の時代をグラフ化により大観する。

1 武士って何？

「坂上田村麻呂は武士なのか」と問う。子どもたちは，風貌やエピソードから「武士」だという。それは「戦うもの」＝「武士」という単純な発想からである。それなら，弥生時代から武士がいたことになる。

「（粉河寺縁起絵巻より警護をしている武士の絵を見せて）この絵巻のなかで武士はどの人かな？ ○を付けなさい」と問う。ほぼ全員が，弓矢を持ち，門番をしている人に○をしている。

また，「（春日権現験記より白河上皇を警護する武官の絵を見せて）この絵は白河上皇に仕えている武士で，北面の武士といいます。武士のことを別名，何といいますか」と問う。「さむらい」の答え。侍という言葉は"さむらう者"から由来していることを確認する。つまり，朝廷や貴族に仕える身分の低い立場であった。そして，武士は10世紀ごろ，地方で豪族が開墾した私有地を領地として広げ，警備に武力を発揮し勢力をのばしてきたこと，また都では，貴族の身辺や屋敷の警備により実力を認められてきたことを確認する。

2 武士の成長をグラフ化しよう

> **グラフ化** 次の事項は，武士に関するものです。武士の権力がどれくらいあったのか？ グラフで表そう。

天皇と貴族の位置については，変動はあるが，あえて一直線にしておき，グループで討議させ，武士の成長をグラフ化する。

＜Aグループの例＞

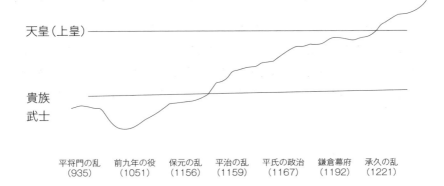

≪Aグループの話し合い≫
「平将門は貴族も追い出して関東を支配したから，貴族よりは上では？」
「でも，反乱をおさえたと書いてあるから貴族より下では」
「じゃ！　ちょっと下」「前九年の役って何だっけ？」「東北地方でおこった戦乱を源氏がおさえたのでは」「ってことは，豪族や貴族より武士がちょっと上ってことだ」「保元，平治ではどんどん武士は成長していくよね」
「平氏は，ほぼ天皇と変わらない地位になる」「鎌倉幕府は天皇より上かな」
「そんなことはないよ。だって征夷大将軍って天皇が決めるのでは」
「授業で頼朝の子どもの名前は上皇につけてもらったって聞いた」
「ってことは，天皇より下かな」「承久の乱で，天皇を超えるんだ」
「だって後鳥羽上皇は隠岐に島流しになっているよ」

　武士のおこりから，その成長の流れの授業は難解である。なぜなら，武士のイメージが，近世の武士の固定観念から抜け切れないからである。また，貴族や天皇との関係性もわかりにくい。そこで，グラフ化という手法で大観することで，武士の成長を考える。

9 活用 平安末期の合戦は源平合戦？ （平氏と武家政権）

　運動会の白旗と赤旗は「源平合戦」をモチーフにしている。義経のさまざまな活躍から兄による殺害，那須与一のエピソード，平家の落人部落など，物語が多くある。しかし，この平安末期の合戦は，単なる「源氏と平氏の戦い」ではない。この合戦の本質を考えることから鎌倉政権の特色に迫る。

1　源平合戦って

> **Q クイズ** 小学校時代の運動会は，赤旗と白旗の対抗で競技しませんでしたか？　この旗の色は，1180年代の源平合戦が由来です。どちらが源氏か？

意見は分かれる。

A 答え 白旗

> T：「平氏は1159年の平治の乱で源氏に勝ち，平清盛が政権を握ります。平治の乱で敗れたのが，頼朝，義経のお父さんの義朝でした。この人は，入浴中に殺されました。そこで，愛知県知多にある義朝の墓には，お参りに来た人があるものを奉納し，義朝の墓は，その奉納品で墓石が見えないほどです」

> **Q クイズ** お参りに来る人が奉納するものとは何か？

> S：「最期くらい美味しいものをということで米」「裸は恥ずかしいので下着」（笑）「洗う前だったので石鹸」など，活発な意見。墓の写真を見せる。（略・イラスト参照）

T：「答えは，木刀です。せめて木刀でもあれば助かったのにという思いからです」

2 平清盛の政治

平清盛の政治を「清盛語録」から学習する。

> **★考えよう** 次は平清盛の言葉である。（　　　）に当てはまる言葉を考えよう。（言葉はすべて想像）
> ① 娘を（　　　）の妃にして政治を支配しよう
> ② お金もいる。（　　　）に港を開き，がっぽりもうけよう
> ③ 平氏でなければ（　　　）ではない
> ④ 全国の支配地は50か国だが，そのうちの（　　　）も支配したぞ
> ⑤ 藤原氏や寺や神社が持っていたのと同じく，（　　　）を500以上も手に入れたわ

A 答え ①天皇　②神戸（大輪田の泊）　③人　④28か国　⑤荘園

グループ討議 こんな平氏に対して，地方の一武士であるあなたの一言は？

・お前は藤原氏といっしょか
・天皇と結託して，それでも武士か
・俺たちも高い位が欲しい
・自分だけいい目をして

そして，平氏打倒の戦いがはじまる。義経の活躍を中心に，エピソードを紹介する。

3 東国武士の京都からの自立

グループ討議 時は1179年。源平合戦の前年だ。君たちは，東国の小さい武士団だ。当時の名字は，その土地の名前がついている。各グループで，武士団の名前をつけ，自分たちもがんばるということを前提に，頼朝に頼みたいことを考えよう。

安達：とにかく土地が欲しい。平家だけが独り占めするのは許せない
山田：貴族の政治は飽き飽き。お金を独り占めしている。倒してほしい
山鹿：天皇と，それと結びついている平家を倒してほしい
今川：西はお金を独り占めしている。東の田舎も活性化してほしい
山本：土地，土地，土地。米作りもできるし，生活が豊かになる
T：「君たちの意見は東国の御家人の願いです。意見を聞くかわりに，平家打倒の戦いに協力するよう呼びかけました。意見のなかで頼朝が考えていなかったことがあります。何か？」
S：「貴族のような生活をしたかった」「それは平家といっしょだ」
　「天皇は倒すつもりはない」
T：「天皇を倒すつもりはありませんでした。朝廷と結んで諸国を支配していた平氏を倒すことが目的でした。その考えに同調した東国武士が決起したということです」

★考えよう この戦いは，どんな性格の戦いか？

S：「西国 VS 東国」
　「朝廷か武士かわからない平氏 VS ほんまもん武士の源氏」（笑）
　「土地あり武士 VS 土地なし武士」
T：「土地のあるなしってのはちょっと違うかな（笑）源氏方が勝てたのは，やはり財力があったからだし。また，西国は飢饉だったので米があまりとれなかったという背景もある」

「この戦いは，東国武士による京都の公家社会からの独立戦争といえる」

　最後に，戦いで奮闘した弟義経を，兄頼朝がなぜ殺害したのかを考える。「弟から兄への手紙」の「朝廷から五位尉という高い位をもらった弟」に注目する。

　当時の武士は，主従関係は緩やかで，複数の主人をもつのが一般的だった。例えば，加藤光員は，御家人として幕府に仕えていたが，一方で，後鳥羽上皇の「西面の武士」にも任じられていた。頼朝は，御家人に「忠義」を徹底させるため，次のような政策を打ち出していたことを確認する。
・朝廷からの官職をもらうことの禁止
・領地はあくまでも幕府が保護する
　以上から，頼朝が弟の義経を殺害した理由が理解できる。

　平安末期の社会経済状況を，「源平合戦」という用語のとらえなおしから検証する授業である。本質は，東国武士の，京都の公家政権からの自立する戦いと位置付けることができる。
　かなり難解なテーマなので，「ロールプレー」や「クイズ」などから考えさせた。

【参考文献】
・本郷和人『"武士の世"の幕開け』NHK出版，2012

10 親鸞ってどんな人？（鎌倉仏教）

習得

　鎌倉仏教の特色は，公家や貴族のものでしかなかった仏教が，一般庶民にも広がったことである。"念仏を唱えれば救われる"という言葉が，そのことを端的に表している。親鸞の人となりを知ることから，鎌倉仏教について考える。

1　日本でいちばん信徒の多い仏教は？

　「知っている寺は？」「どう唱えて，仏さんを拝むか？」「坐禅に行ったことはあるか？」などから鎌倉仏教宗派を概略学習する。

> **Q　クイズ**　日本でいちばん寺院数の多い仏教の宗派は？
> 　　浄土宗　浄土真宗　日蓮宗　曹洞宗

　「浄土宗」「浄土真宗」に挙手する生徒が多い。

A　答え「浄土真宗」

T：「日本全国の寺院の総数は7万7千だが，浄土真宗の寺院数は？」
S：「1万」「2万」「5万」と口々に答える。
T：「2万を超えています。およそ26％の寺院が浄土真宗です。第2位は？」
S：「法然の浄土宗」
T：「京都の知恩院が総本山だね。違います」
S：「曹洞宗」
T：「そうです。曹洞宗が第2位です。坐禅で悟りを開こうとする宗派だね。大本山は？」
S：「……」

T:「福井県の永平寺だよ」

坐禅体験の話をする。

T:「曹洞宗の寺院とセブンイレブンの数,どちらが多いか?」(笑)

半々に意見が分かれる。

答えは「曹洞宗の寺院」で約1万5千である。

> **Q クイズ** 日本でいちばん信徒の多い宗派は?
> 　　　　　浄土宗　浄土真宗　日蓮宗　曹洞宗

A 答え 「浄土真宗」

1200万人を超え,日本の総人口の10分の1に当たる。

2　親鸞ってどんな人?

「浄土真宗」が,寺院の数,信徒の数とも多い理由について考える。

<親鸞2択クイズ>
① ア　僧ではじめて妻をもった
　 イ　女性には見向きもせず布教した
② ア　子どもがいた　　イ　子どもはいかなった
③ ア　自分の死体は灰にして賀茂川に捨てるように
　 イ　自分の死体はミイラにして寺に安置せよ
④ ア　善人こそ救われる　　イ　悪人こそ救われる
⑤ ア　何万回も念仏を唱えれば救われる
　 イ　心を込めた1回の念仏で救われる
⑥ ア　狩りや漁で生き物を殺してもしかたない
　 イ　絶対に殺生はいけない

A 答え ①ア　②ア　③ア　④イ　⑤イ　⑥ア

第3章　「中世」「近世」ウソ・ホント?授業　47

> **書く** クイズから，浄土真宗ってどんな教えだったか？ 一言でまとめよう。

・気楽　・誰でも信仰
・庶民宗教　・エコ宗教
・日常宗教　など

　親鸞の活動拠点は北関東であった。洪積台地には，多くの湖沼や沼地が広がり，そこでは，魚や鳥などの捕獲を生業としていた。仏教の教えでは，「殺生」をする人は「悪人」である。このことを認め，「悪人正機説」を唱えた浄土真宗は，多くの人に信仰された。

【参考文献】
・島田裕巳『浄土真宗はなぜ日本でいちばん多いのか』幻冬舎新書，2012

11 活用 日本がモンゴル帝国に勝てたワケ（モンゴルの襲来）

　モンゴル帝国の集団戦法や優れた火器により悩まされた鎌倉幕府。二度の襲来にもかかわらず日本は勝つことができた。教科書には内紛や暴風雨によることが勝因との記述だが，それだけなのだろうか？　勝因の分析を通じて，鎌倉時代を大観する。

1 チンギスハンと義経

　導入は「義経＝チンギスハン」説だ。他愛もない説だが，導入としては面白い。

> T：「源義経は，奥州藤原氏のいる平泉で兄頼朝により殺害されたといわれる。でも焼死体で，本当に義経かどうかはわからない。実は義経は生きていて，北海道から中国へ逃亡し，モンゴル帝国をつくったといわれています。誰ですか？」
> S：「チンギスハン」
> T：「そうだね。義経は，モンゴル帝国をつくり，孫のフビライハンに，『私を殺害しようとした兄がつくった鎌倉幕府を攻撃してくれ』って遺言を残して死んだんだ」と，もっともらしくしゃべる。
> 「その証拠に義経とチンギスハンの共通点を考えよう。義経は何が得意だったかな」
> S：「弓矢」「乗馬」
> T：「一の谷の合戦での鵯越えは有名だね。乗馬が得意だったんだ。これが共通点その1。年齢はどうかな？」

　さっそく，索引で調べている。

> S：「チンギスハンは1162年生まれで，義経は1159年」

第3章　「中世」「近世」ウソ・ホント？授業　49

T:「年齢も同じようなものだ。それと名前だ。源義経を音読みすると"ゲンギケイ"となる。ゲンギケイ〜ゲンギスケイ〜ジンギスハン〜似てるだろう（笑）ってことで2人は同一人物だね」
S:「……」

しかし，異なることが1つある。それは何か？

S:「顔」「整形したかもしれない」
　「趣味」「そんなの変わる」
　「体型」「いくらでもダイエットできる」
　「身長」
T:「身長です。チンギスハンは190cmを超えています。一方，義経は小柄で，150cm台だといわれています。ってことで2人は別人です」

2　暴風雨で日本は勝てたのか？

　元軍と日本との戦い方の相違を教科書で確認する。元軍は火薬を使い，集団戦法であったことを学習する。元軍は2回にわたり日本にやってきたが，最終的には敗退したことを確認する。

★考えよう　どうして，日本は勝つことができたのだろうか？

S:「台風」
T:「そうだね。教科書にも書いてあるし，小学校でも習ったね。でも時期的にも台風の季節でもなく，資料によると風速15m程度だったみたいだよ。なのになぜ多くの船が沈没したのだろう」
S:「いい加減な船だった」
　「すぐ潰れる船」
T:「なぜそんな船で日本にやってきたのかな」

S：「風をなめてた」
　　「モンゴル人は海の怖さを知らない」（笑）
T：「モンゴルは内陸国だからね」
S：「船の造り方を知らない」
　　「船は誰か他の人に造らせたのでは？」
T：「誰に？」
S：「他の国の職人？」
T：「征服した高麗人に造らせたのではないかという説があります」
S：「だから，いい加減なんだ」
T：「歴史的に確証はありませんが，大した風速でもないのに船が沈んだのは事実です」

3　モンゴル軍の構成から

★**考えよう**　下の表はモンゴル軍の構成です。ここから日本の勝因を考えなさい。

	1274年文永の役	1281年弘安の役
モンゴル軍	20000	30000
朝鮮軍（高麗）	5600	10000
中国軍（宋）	－	100000
かじとり，水夫（内朝鮮人）	15000（6700）	?（15000）
未帰還者	13500	107000
艦船	900	4400
造船人船	30500	?

S:「いろんな国の人がいる」「朝鮮の人もいる」
　「それにしても,かなり多くの人が帰れなかったんだ」
T:「モンゴル人だけでなく,征服した朝鮮や中国の宋の人も多いね。こういう人たちの戦意はどうかな?」
S:「やる気ないよな」
T:「まあそうだね,しかし,逆に朝鮮軍のある軍などは,がんばることで支配を緩和してもらおうとする動きもありました」
S:「いろんな国の混成では,まとまりがない」
T:「トラブルも多かったよね。一方,日本は?」
S:「一致団結」
　「でも集団戦法にやられてたのでは?」
T:「鎌倉武士は一致団結してがんばった。それはなぜかな?」
S:「日本を救うため」(笑)
　「恩賞がもらえる」
T:「そうだね。御恩と奉公の関係にある鎌倉武士だから敵と戦えたんだね。なんとか上陸を防げたのは,暴風雨が吹くまで守れた鎌倉武士のがんばりがあったからだね。ってことは平安時代だと征服されていたってことかな」

4 なぜ3回目は来なかったのか？

★考えよう モンゴル軍は、どうして3回目は日本に来なかったのだろう？

S:「フビライハンが死んだ」
　「死んでない」
　「日本が強いから」
　「でも暴風雨が吹かない季節に行けば勝てるのでは」
T:「教科書にヒントが書いてあるよ」
S:「高麗や中国南部、ベトナムで元に反抗する動きが……って書いてある」
T:「つまり、どういうことかな？」
S:「他国で反抗する国があり、日本には来れなかったってことだ」

まとめ 日本がなんとか勝てた理由をノートにまとめよう。

≪ある生徒のまとめ≫
・暴風雨が吹いた
・武士が、恩賞があるからがんばった
・モンゴル軍が分裂していた
・他国に元に反乱する国があり、日本は助かった

　「暴風雨で元は退散した」という単純史観（？）を揺らせる授業である。その背景を多面的・多角的に分析することにより思考力・判断力が育つ。

12 徳政令って何？（劇化） 方法

「徳政令」とは「借金は返さなくてもいい」「借りたものは返さなくていい」「借金帳消し」などと説明するが，あまり面白くない。鎌倉・室町時代の故事を集めた『塵塚物語』から徳政令について理解する。

1 ある旅籠での話

登場人物： ナレーター　亭主　客A　客B　子ども

ナレ：15世紀後半の頃のことです。京の三条や五条のあたりは，諸国から旅人が泊まって賑やかでした。三条で旅籠を営むある亭主がいました。近く徳政令が出されるという噂が流れていました。

亭主：これは好都合だ，この機会に一つ大儲けをしてやろう。

ナレ：そして，旅籠にお客がやってきました。

客A：こんにちは，お世話になります。

亭主：その脇差をしばらく貸してください。

客A：ああ！　どうぞ！　いいですよ。

ナレ：別の客がやってきました。

亭主：この包みは何ですか？　差支えなかったら，しばらく貸してください。

ナレ：旅人は，宿の亭主が悪巧みをしていることなど夢にも知らず……。

客B：おやすいことです。お役に立つものがあれば，どうぞお使いください。

ナレ：そして亭主は，旅人の所持品をみな借り受けました。

ナレ：それから2，3日して，幕府から徳政令が出されました。
亭主："徳政令が出たぞ" "徳政令が出たぞ"
亭主：さてさて，すまぬことを言うようだが，徳政令がだされたので，借りたものが返せなくなった。貸したものは，みな主の損。それは，天下の貸し借りを平均にならすためのお触れなんだ。先日貸してくれと申したものは，みな私のものになる。これは，私ごとではなく，ただ今のお触れによるものです。
ナレ：旅人たちは，何もわからず，いったいどんなお触れかと，目を見合わせ仰天して，途方にくれていました。
子ども（　　　　　　　　　　　　　　　　　　　　　　　）
亭主：すいません！　みなさんからお借りしたものはすべてお返ししますので，お許しください。

2 徳政令って？

グループ 討議 子どもは，どんなことを言って亭主を謝らせ，旅人を救ったのだろうか？

A　反乱をおこすぞ　　B　徳政令は借金で，モノは関係ない
C　部屋を借りたから，その部屋は返しません
D　部屋にあるものを借りました。それは返しません
E，F　Cと同じ

T：「正解はC，E，Fです。旅人たちは亭主から部屋を借りていたので，その部屋をいただくからと言ったのです」

　徳政というのは，現在で考えると，インフレ政策である。劇化から，最後の子どもの言葉を考えさせる構成だが，このような丁寧な授業による知識の定着度は高い。

第3章　「中世」「近世」ウソ・ホント？授業　55

13 富を制して天下取り！（織田信長）

活用

織田信長に対するイメージを揺さぶり，中世社会から近世社会への転換をはかった信長の歴史上の役割について考える。

1 信長は悪いやつか？

★**考えよう** 小学校で織田信長を学習しましたね。イメージ的に信長は悪いやつ？ それともいい人？

・比叡山を焼き討ちにし，皆殺しにしたから悪い
・お父さんのお葬式に焼香台の灰を投げたと聞いた
・小さい頃，親に反抗ばかりしていた　・妹を敵と結婚させた
・楽市・楽座で商業を自由にした
と，「楽市・楽座」以外は，「悪いやつ」という意見がすべてである。

　父の葬儀において，焼香台の灰を投げたことや，家来が連れてきた黒人に対して，石鹸で体を洗うことで，本当に黒いかどうかを確かめさせたことなどのエピソードから，仏教が嫌いで，迷信を信じず，合理的な考え方をする人であったことを確認する。

2 戦国大名との戦い

　戦国大名との戦いについては，桶狭間の戦いと長篠の戦の場所を地図で確認した後，エピソード程度で扱う。「桶狭間の戦い」については，奇襲攻撃

についての研究者の疑問についても少しふれる。また，「長篠の戦い」についても，「騎馬隊」VS「鉄砲」という新戦法についても疑問がでていることも紹介する。

【武田騎馬軍団】

　当時の日本の馬は，小さくポニーの部類であり，騎乗したままの突入は不可能であった。

【織田鉄砲隊】

　3000丁での三弾撃ちは，かなり訓練されていないと無理であり，家臣ごとに寄せ集めた銃兵では無理がある。

> **Q クイズ** 長篠の戦い（鉄砲隊）で勝てた理由は何か？ そのことを考えるために，次のクイズに答えよう。
> 1　信長は長槍を使う専門集団を形成していた。何mくらいか？
> 2　当時，鉄砲を撃つのにどれくらいの時間がかかったか？
> 　＜手順＞
> ①1度撃つと筒のなかに火薬ガスが残るので，さく杖を使って除く。
> ②筒のなかに火薬と弾を込め，弾が転がり出ないように紙を詰める。
> ③火蓋を開け，火皿に火薬を注ぎ，火蓋を閉じる。
> ④火蓋を開け，引き金を引いて，火縄の火を火皿に点火させる。

> **A 答え** 1　約6m　　2　25秒

> **発問** このように武器を自由自在に使いこなせる信長軍は，どんな軍隊だったのだろうか？

> S：「訓練されている」「練習している」
> T：「当時は領国の農民も兵隊として戦闘に参加したが，武器を使う練習をしていたのだろうか」
> S：「農業の暇な時に練習した」「それは無理やろ」
> T：「ってことは，専属の軍隊を持っていたということだね」

S:「だから，今川にも勝てたんだ！」
T:「長い槍を使いこなし，鉄砲を使いこなせたのは，専門集団がいたからです。武田軍の半農民軍とでは，その力は違います」
S:「なるほど！　だから，鉄砲隊も3列で整然と撃てたんだ」
T:「しかし，専属の軍隊を持つには，かなりの財力がいります。それは，兵士が生活の糧である農村から離れ，軍事に専念するだけの給与を支払わなくてはならないからです」

以下の説明をする。

T:「信長は，領国の経済発展のために，さまざまな政策を実施しています。楽市令をはじめ，道路の整備，関所の廃止，座の廃止，通貨基準の設定などで商品流通圏の拡大を図り，堺の商人たちとの結びつきを深めました。これにより，富を手に入れ，中世の中心勢力だった寺社勢力を弱め，封建制度の基盤を固めました。

　こうして商人に自由に営業させ，商業を活発化し，そのかわりに『矢銭』という，儲けの一部を上納させました。また，農民からは『判銭』という，『お金を払うと，その場所では戦わない』という制度もつくりました」

最後に「信長の旗印は？」と問い，「白地に永楽銭」であることを確認する。

　「富」と「常備軍」をキーワードに信長の政策を考察する授業である。このような経済的視点は，冷静に歴史を考える有効な手法であり，知的興奮が高まる。

【参考文献】
・小和田哲男『富を制する者が天下を制す』NHK出版，2012

授業方法

14 信長から、そして信長への手紙（手紙を書く）

「○○から●●への手紙」を書く。手紙を書くことにより、その人物の業績、歴史的位置付けを理解する。また、その人物が生きた時代と他の時代の比較検討も可能である。

＜織田信長から豊臣秀吉へ＞

◆私を裏切り殺した明智光秀を倒してくれてありがとう。私ができなかった天下統一をなし遂げてくれてありがとう。私は、誰でも自由に商工業ができるように楽市・楽座令を城下に出しただろう。それで、百姓も自由に商売をできるようにした。お前は刀狩をおこない、武士と農民を区別する兵農分離を進めた。さらに、百姓が田畑を捨てて武士・町人（商人・職人）になることや、武士が百姓・町人になることを禁止した。それでは、私が出した、誰でも自由に商工業ができる楽市・楽座令の意味がなくなるではないか！

◆私が本能寺で明智光秀に襲われた後、いち早く中国地方から戻ってきて明智光秀を倒してくれたのはあなたでした。志半ばで倒れてしまったのは残念で悔しいが、かたきを討ってくれてありがとう。その後も私の遺志を引き継ぎ、戦国時代を終わらせ全国を統一した功績はすごいと思います。刀狩や太閤検地で兵農分離をはかったのも見事です。結果的に、私の息子たちは影の薄い存在となったが、その後の江戸へと続く平和の基礎を打ち立てたことは歴史的に評価されるでしょう。

＜中浦ジュリアンから織田信長へ＞

◆私が日本へ帰ってきた時、織田信長の時代から豊臣秀吉の時代に変わっていました。織田信長はキリスト教を保護していたが、豊臣秀吉は宣教師を

追放し、キリスト教を禁止しました。それによって、私の仲間は敵になったり追放されたりしました。それでも、一人残った私はキリスト教を信じ続けましたが、ついに私も処刑されてしまいました。そのなかでも織田信長はキリスト教を保護し、大切にしてくれました。感謝しています、ありがとう。

＜最澄から織田信長へ＞

◆信長よ、よくも私が建てた延暦寺を焼き討ちにしてくれたな。仏教は私のつくった天台宗だけではないぞ。鎌倉時代に親鸞のつくった浄土真宗は、一向宗と呼ばれてお前のじゃまをするだろう。信長、お前はどうしてそんなにも仏教を嫌ってキリスト教ばかりえこひいきするのだ。今はキリスト教がめずらしいかもしれんが、仏教もキリスト教と同じ外国から来たものだ。お前からしたら古い考えかもしれんが、仏教を大事にするのも必要だぞ。

◆古い仏教勢力がじゃまになったからといって、なんで私の寺を焼いたんだ。確かにあなたは戦いに鉄砲を取り入れたり、楽市・楽座などをして新しいことをしてきた。町が賑やかになったことはよいことだと思う。でも、新しいものばかり見ないで、長い歴史をもつ仏教というものを大切にしてほしい。武力だけで解決するのではなく、頭を使い、法律をつくってくれればよかったのに。

　さまざまな時代背景から、信長の政策を自分の言葉で評価しているのが読み取れる。「時代を大観」し、「習得知識」を「活用」する一つの手法として有効である。とりあげる人物としては、「足利尊氏」「豊臣秀吉」「西郷隆盛」「伊藤博文」など、時代を反映し、他の歴史上の人物とつながりがあるのが望ましい。

15 コロンブスのアメリカ到達（おかしいところ探し）

方法

1枚の絵，写真，文章などから，おかしい個所を探し，それを導入に授業を展開していく。

大航海賞　　アメリカ大陸発見500年記念
　　　　NISSAN コロンブス・クイズ
日産から500千円を
ど～んと100名様にプレゼント！

　500年前，未知の黄金の国「ジパング」をめざし，大いなる夢とロマンをもって大航海に旅立ったコロンブス。現代にも，そんな精神の持ち主は，いっぱいいるはずです。日産は，新しいカーライフへ出発する心の冒険者たちを応援します。あなたも，日産コロンブス・クイズで夢にチャレンジしてください。

　　　　　　　日産コロンブス・クイズ
　次の○の部分に，数字を3文字入れてください。
　コロンブスが1492年，サンタ・マリア号でアメリカ大陸を発見してから，来年でちょうど○○○年目です。

（『朝日新聞』1991年12月1日付より筆者作成）

発問　上の広告のおかしい個所を探そう！　新聞に掲載された後，誤りが見つかり，12月6日付で再掲されました。

S：「日本は黄金の国ではない」「500千円ではない」
　　「コロンブスは発見していない」「年代の間違い」
T：「2か所あります」

S:「アメリカ大陸」
T:「漢字です」
S:「文字」「発見」
T:「そう！　発見です。発見の何が間違いですか」
S:「発明」
T:「コロンブスがアメリカ大陸を発見したの？」
S:「コロンブスはインドだと思っていた」
T:「だから，アメリカの先住民をインディアンというんだね」
S:「発見したのはコロンブスではない」
T:「アメリカ大陸を発見したっていうか，もともと先住民が住んでいたんだね」

◆発問◆「発見」は12月6日付では，どう書きかえられたか？

・着いた　・来た　・到着　・到達

T:「答えは『到達』です。ヨーロッパ人から見たら発見かもしれませんが，すでに先住民がいたわけですから，到達でないとおかしいですね」

　その後，「当時の世界地図」を示し，同様におかしいところを探す。
　また，「当時のヨーロッパ人が想像していた未知の世界に住む人間」の絵から，未知の世界への冒険であったことを学習する。「コロンブスが，どうして船員を集めたのか」というのも興味あることである。答えは「犯罪を犯した人を集めた」である。

　コロンブスのアメリカ大陸の到達は意義あることである。しかし，この事実をヨーロッパ人の立場，つまり「侵略する側」ではなく，「侵略される側」から考える視点を，この教材から明らかにしたい。

活用

16 参勤交代の功罪（大名統制）

参勤交代！「何でこんなことをしたのか」「何人くらい参加したのか」「お金は？」など，子どもたちの疑問も多い。参勤交代から，江戸時代の大名統制と，参勤交代の功罪を考える。

1 参勤交代クイズ

参勤交代の絵（略）を見せる。気づいたことや疑問に思ったことを言う。「何人くらい参加したのか」「費用はどれくらいか」「ずっと歩いて疲れないのか」など。

> ★ **考えよう**　「茶壺に追われてトッピンシャン」という歌がある。この歌の意味は何か？

S：「茶って文字通り茶だよね」
T：「新しくできた新茶を将軍さまに江戸まで運ぶ時に，それを見たら土下座をしなくちゃならなかったんだ」
S：「それは大変だね」
T：「だからどうしたの」
S：「トッピンシャン」（笑）
T：「その意味を聞いてるわけ」
S：「トッピング」
T：「江戸時代だよ」
S：「戸をピシャッと閉めて，部屋にこもった」
T：「そうです，正解です」

第3章 「中世」「近世」ウソ・ホント？授業　63

＜参勤交代クイズ＞
① どことどこを行き来したか？
② 毎年やったのか？
③ 大名の妻子はどこに住んでいたか？
④ 宿代は自分で払ったのか？
⑤ 途中トイレに行きたくなったらどうしたか？
　ア　幕を張ってその中でした　　イ　農家のトイレを借りた
　ウ　駕籠にしかけがあり垂れ流しにした　エ　オマルを積んだ駕籠でした
　オ　次の宿場まで我慢した
⑥ ずっと正装で歩いていたのか？
⑦ 持っていっていないものを1つ選びなさい。
風呂桶　大工道具　鉄板　火鉢　将棋駒　ごみ箱　塩　醬油　米　漬物石

A 答え ①江戸と領国　②1年ごと　③江戸　④自分で払う　⑤エ
⑥領国内と江戸は正装　⑦ごみ箱

　人数や出費額は大切だ。人数が多いのは加賀藩前田家で，大名行列は2000人から4000人もの規模だ。一泊の宿泊代は，現在のお金に換算して1泊約786万円程度だった。遠方の佐賀藩の場合は，瀬戸内海から海路で大阪まで進み，そこから陸路で江戸まで行く。かかる金額は，現在の価値にして1億7000万円，これは佐賀藩年間支出の20％であった。参勤交代の費用には，江戸屋敷の維持費もある。これは，佐賀藩では藩の年間支出の28％だった。

2　参勤交代のねらい

班討議 参勤交代を安くする方法はないか。3つ考えよう。

・服装を適当にする　・食事を質素に　・人数を減らす
・何人かは野宿　・速く歩く　・朝早く出る　・用具のレンタル
・宿屋で詰め込んで寝る　・食事を2食にする　・自炊する

T:「まず正解は『速く歩く』だ。領内と江戸はゆっくり歩いたが，道中は普通の旅人より速度が速く（やって見せる），朝早く出て夜遅くまで30数キロは歩いた」
S:「野宿は正解ではないのですか」
T:「かっこ悪いところは見せない」
S:「ってことは服装もきっちりしていたんだ」
T:「それが，そうではない。領内では領民にいい加減なところを見られたくないので正装をしていたが，領外にでるとダラダラの服装。君たちと同じだ（笑）。そして，江戸に近づくと正装して，江戸城に入城する。入城の時には参勤渋滞をひきおこすともいわれている」

「用具のレンタルもした。例えば？」
S:「食器」「布団」
T:「正解だよ。風呂桶，便器，碁や将棋などの遊び道具もだ」
「途中でお金がなくなったので，たいへんだ。どうしたのだろう」
S:「窃盗」「恐喝」
「それはダメだろう」
T:「野宿をし，食糧は自分で野鳥を撃って食べよということもあったらしい」

発問 参勤交代の幕府のねらいは何か？

S:「幕府のねらいは，大名の財力を削ぎ，力を弱めることだ」
「大名も，参勤交代で自らの力を誇示した」
「幕府への忠誠を誓う」

第3章 「中世」「近世」ウソ・ホント？授業 65

2　参勤交代のメリットとデメリット

> **★考えよう**　参勤交代をやることにより，世の中にプラスになることはなかったか？

> S：「宿場町が栄えた」
> 　「川の渡しや，駕籠かきなどの仕事がもうかる」
> 　「飲食店や日用品を売る店がもうかる」
> 　「江戸の人口が増える」
> T：「どうして？」
> S：「妻が江戸にいるし，それぞれの藩の江戸の住まいがあるから」
> T：「加賀の前田家は，10万4000坪といわれ，今の東大に上屋敷がありました」
> S：「街道がつくられ，交通が便利になった」
> 　「江戸は中心都市となった」
> T：「行列を見学に来る人も多く，屋台もあり，経済も活性化しました。つまり，参勤交代で人々が行き来することにより，多くのメリットもあったということだね」

　参勤交代の深読み授業である。興味・関心から導入し，ワクワク感を醸成し，幕府の大名統制という目的と，それに対抗する大名という構図から，社会や経済の発展に果たした参勤交代を多面的・多角的に分析する。

【参考文献】
・安藤優一郎『大名行列の秘密』NHK出版，2010
・水戸計『江戸の大誤解』彩図社，2013

17 活用 キリシタン一揆は無駄死にだったのか？（島原・天草一揆）

江戸時代初期におこった島原・天草一揆は、キリシタンが中心の一揆で、3万7千人もの死者を出した。この一揆は、多くの死者を出しただけの無駄な一揆だったのか？　その後の歴史を検証することから、島原・天草一揆の意義を確認する。

1　なぜ、島原・天草一揆はおこったか？

島原ソーメンを持参し、授業をはじめる。

T：「今日は、島原ソーメンに関する授業です。（生徒はポカーンとしている）1637年に九州で一揆がおこった。何という一揆か？」
S：「島原・天草一揆」
T：「中心人物は？」
S：「天草四郎」

発問　なぜ、こんな一揆がおこったのか？　次の絵は何か？

> S:「人が焼かれている」
> 「何かにくるまれている」
> T:「これを"みのおどり"といいました」
> S:「みのにくるまれて焼かれる」
> T:「こうして焼かれると，人間は熱いから跳びはねるよね。そこからこういう名称がつきました」
> S:「ひどい」
> T:「焼かれている人は？」
> S:「キリシタン」

指名し，次の文章を読ませる。

> 重政の子，勝家があとをつぐと，その上に増税した。米・麦ばかりか，織物・茶・木綿・桑その他の生産物から網・かなづち・つるはし・すき・くわなど農民の生活に絶対に欠くことができない道具類まで税をかけ，はては，いろり・窓・棚などにもかけ，人を埋葬する穴にかける穴銭・子どもが生まれればかける頭銭というものであった。それを納めないと，妻子を人質にして水牢に入れたりした。
>
> (家永三郎『日本の歴史』ほるぷ出版，1987)

説明 キリシタン弾圧と，重税に苦しんだ農民は，1637年10月25日，キリシタンの礼拝を取り締まろうとした島原藩の代官を農民たちが殺害。そして一揆になり，将軍がじきじきに周辺諸藩に出兵を命じ，12万4千もの討伐軍を派遣した。一揆勢3万7千人は原城に立て籠もったが，女，子ども含めすべて殺戮された。一揆の背景に「キリシタン弾圧」と「重税」があったことを確認する。

2　一揆のその後

殺戮後,島原藩にとって困ったことになった。それはどんなことか?

S:「武士も多く死んだので,政治ができなくなった」
T:「島原藩だけじゃなく,1万2千人の武士が亡くなったといわれています」
S:「農民がいなくなった」「3万7千人は多いよね」
「年貢が入らなくなる」
T:「そうだね。多くの農民を殺戮したから農民がいなくなり,田畑は荒れ,年貢も入らなくなり,藩の財政も苦しくなったんだ。そこで,島原藩はどうしたのだろう」
S:「年貢を増やした」
「また一揆がおこるよ」
T:「他の藩から入植者を募集したそうだ。この一揆をきっかけに,暴力で領民を従わせようとすると,大きな代償を払うことに気づくわけだ」

ここで再度,「島原ソーメン」を提示する。

T:「この有名なソーメンは,小豆島から移住してきた人が島原に持ってきたものだ」
S:「ってことはこの一揆も,幕府の農民に対する政策を変えたということで,無駄ではなかったってことだ」

　島原・天草一揆以降も百姓一揆がおこるが,参加者全員が処刑されることはなく,首謀者だけになった。また,武断政治から文治政治への移行のきっかけともなった。島原・天草一揆の多くの死は,けっして無駄死にではなかったことを確認する。

活用

18 生類憐みの令は悪法か？
（綱吉の政治）

　江戸時代初期は，「武断政治」に象徴されるように，改易やお家お取りつぶしなど，いわゆる武断政治の時代であった。しかし，江戸時代の半世紀を経るころには，「文治政治」へと移行する。その変化の要因を分析する。

1　鉄砲はどうなったか

教室に袋に入れた花火を持っていく。

> **発問**　この袋に入っているものは，江戸時代の"平和"を象徴するものです。何でしょう。

・米　　・本　　・お茶

答えは言わない。

> **Qクイズ**　戦国時代は，戦いに多くの鉄砲が使われました。しかし，江戸時代になると，鉄砲は使われなくなります。それは，なぜですか？

S：「刀を使うから」
T：「鉄砲のほうが武器としてすばらしいのでは」
S：「戦国時代のような戦いがなかったから」
T：「それもありますね。刀は武士のシンボルだったんですね。その刀でさえ，平和な江戸時代には使われることはありませんでした」
S：「鉄砲は武士の精神に反する」
T：「つまり，飛び道具を使うことは武士道に反するってことだね」
　「鉄砲の火薬は必要ではなくなりました。その火薬は何に使われるようになったのか」

70

S:「花火」
T:「そうです。この袋に入っているのは花火です。今も，東京の隅田川の花火大会は有名だね」

2 武断政治とは

　3代将軍家光までは，武家諸法度に違反した大名は領地を没収されて，家を断絶されたり（改易），条件が悪い土地に換えられたり（転封），領地を減らされたり（減封）したことを説明する。

> **Q クイズ** 初代家康，2代秀忠，3代家光までに，どれくらいの大名が領地を没収されたか？
> 　　　　　50　80　100　130

　答えは，家康時代41家，秀忠時代41家，家光時代49家で，合計131家である。具体例として，台風による水害で破壊された広島城を無断修理したことが違反に問われ，安芸・備後50万石を没収された福島正則について説明する。

3 綱吉と生類憐みの令

> **Q クイズ** 次は「生類憐みの令」である。（　　）に当てはまる言葉を入れよう。
> 　1687年　　（　　　）鳥類を生きたまま食用として売ることを禁止
> 　1687年　　御持筒頭下役人が（　　　）に投石したため遠島処分

第3章 「中世」「近世」ウソ・ホント？授業　71

1687年	旗本秋田采女季品秋田淡路守季久が吹矢で（　　　）を撃ったため，代理として同家家臣多々越甚大夫が死罪
1689年	病（　　　）を捨てたとして陪臣14名・農民25名が神津島へ流罪
1691年	犬・猫・鼠に芸を覚えさせて見世物にすることを禁止
1696年	犬殺しを密告した者に賞金30両と布告

A 答え 順に「魚」「鳩」「つばめ」「馬」

Q クイズ 中野につくられた犬小屋の面積は53ha，東京ドーム11個分もあった。年間費用はどれくらいか？
　　　20億円　　　50億円　　　80億円

A 答え 80億円　財政悪化の一因にもなった。

★考えよう しかし，この生類憐みの令はいい点もあった。どんなことだろうか？

・生き物を大切にするようにという風習が生まれた
・生き物には人間も含まれるから，いのちが大切されるようになった
・本当の意味で平和な時代になった

> T:「殺伐とした戦国時代の殺戮の時代から，平和な江戸時代への転換点になったってことかな。綱吉は湯島に聖堂をつくり，儒教を広め，武士の考え方を変えようとします。これを文治政治といいます」

> **Q クイズ** 綱吉は，武家諸法度を改定します。第1条は「文武弓馬の道，もっぱら相たしなむべき事」を
> 　　　　「文武（　　）（　　）を励し，礼儀を正すべき事」
> と変えます。（　　）に当てはまる漢字1文字を答えなさい。ヒントは，「武道にかわって上下の秩序が大切」という考えに変わったのです。

A 答え「忠」「孝」

4　赤穂事件に見る文治政治

> T：「武断政治では，武家諸法度に違反した大名は改易や減封だったね。なかには，お家お取りつぶしになった大名もいました。この場合，家来はどうなるのか」
> S：「失業」
> T：「浪人になるってことだね。各地で浪人が増え，反乱もおこってきます。こうなるとたいへんなので，幕府は武断政治をやめ，文治政治へと転換していきます」

赤穂事件を紹介する。

　1701年3月14日，江戸城松の廊下で，赤穂藩5万石の藩主，浅野内匠頭が，幕府の儀式をつかさどる吉良上野介に斬りかかりました。このとき内匠頭は，将軍綱吉に年頭の挨拶をするために江戸にやってきた天皇の使いの接待役をしていました。内匠頭はその場で取り押さえられ，その日のうちに切腹となり，赤穂浅野家は断絶になりました。

> T：「浅野家の家来はどうなったのだろうか」
> S：「失業」「浪人」
> T：「その後，大石内蔵助を中心に47人が吉良邸に討ち入り，吉良の首を討ちます」

第3章　「中世」「近世」ウソ・ホント？授業　73

> **発問** この47人はどうなったのだろう？

S：「幕府から切腹を命じられる」
T：「この裁定には幕府にも悩みがありました。どんなことでしょう」
S：「主人に対して、いのちをかけて仕返しする気持ちを大切にしたい」
　「浪人になった気持ちもわかる」
　「でも吉良は死んでないんだから殺すというのはいけない」
T：「主君のために忠誠を誓う考えを何といいましたか」
S：「儒学」
T：「朱子学ともいいますね。当時、幕府が広めていた考えです」
S：「ってことは、朱子学の主人に忠誠を尽くすという考えより別の選択を幕府がしたってことかな」

> **グループ討議** 赤穂事件にみる幕府の変化は、一言でいうとどういうことになるだろうか。

A　忠孝より殺人禁止　　B　主人より平和　　C　儒学よりいのち
D　朱子学より平和

T：「つまり、主君と家臣の固い絆よりも、平和を乱すことに厳しい判決がくだされる時代になったということだね」

　江戸時代は、100年近く続いた戦国時代が終わった後に成立したため、互いが殺し合うことが当然だった時代の影響が庶民の間にも色濃く残っていた。生活に困って自分の子どもを捨てたり、病気になった親を治療せずに山に追放したりすることも珍しくなかった。簡単にいのちを粗末にする社会ではなく、「平和な世の中のモラル」を植え付ける意味があった。綱吉の政治を、以上の観点から再考したい。

【参考文献】
・水戸計『江戸の大誤解』彩図社，2013

ミニネタ

19 ゴッホと浮世絵（化政文化）

ゴッホの作品の背景に日本の浮世絵が描かれているのは有名なことである。それでは，ヨーロッパ人は鎖国をしていた日本の浮世絵をどうして知ったのだろうか？　このことから，江戸時代の文化と貿易について考える。

1　ゴッホは浮世絵オタクだった

> **発問**　下の作品（略）はゴッホの「タンギー爺さん」という有名な作品だ。背景の作品は何か？

S：「日本の着物を着た女性が描かれている」
　　「富士山も」
T：「この作品は何というか」
S：「浮世絵」
T：「江戸時代に描かれた浮世絵がゴッホの絵にも描かれているってことかな。いくつ描かれている？」
S：「6枚」
T：「ゴッホは多くの日本画を買い集め，1887年には，レストランの壁を利用して日本版画展を開催しています。
　　ゴッホ美術館には，ゴッホと弟テオが所有していた計477点の浮世絵が所有されています」

2　浮世絵とは

○×クイズ 浮世絵は，17世紀後半に大衆メディアとして登場した。それは，"浮き浮きとこの世を過ごそう"という明るい発想からその名がついた。これは○？　それとも×？

A 答え ○

　江戸時代以前は，長く戦乱の続いた時代だった。浄土（あの世）に対して，浮世（この世）はつらくはかないものであるが，江戸時代は町人を中心に豊かな文化が栄え，人々は浮世を謳歌した。江戸時代の庶民の楽しみは「遊び」と「芝居」。だから，浮世絵の絵には「美人画」や「役者」が描かれた。
　いくつかの浮世絵を紹介する。

Q クイズ 江戸時代に，初期，中期，後期により異なるが，「二八蕎麦」は16文で，今のお金に換算すると320円です。それでは，大判サイズ（39cm×26.5cm）の浮世絵の価格はいくらだったか？

　　1万円　　　5000円　　　1000円　　　400円

　答えは前半の3つに集中。400円というのは皆無。

> T：「答えは『400円』で，比較的安価であったことがわかる。ちなみに，細版（33cm×15cm）なら160円だった。つまり，浮世絵は庶民の誰もが購入できるものだった」

3　浮世絵はどうして全国各地に広がったのか

班討議 江戸を中心に描かれた浮世絵が，どうして全国に広がっていったのか？

> S：「商人が各地で行商した」「飛脚によって注文に応じて運送された」

「宿場町に販売所があった」
T：「当時は旅も盛んで，江戸に行ったおりに土産として購入しました。今も重い土産を持って帰るだけでもたいへんだから，軽くて江戸の風情を知ることができる浮世絵は，ベストな土産だったようです。こうして全国に浮世絵が広がっていきました」

4　ゴッホはなぜ浮世絵を知ったのか

ゴッホって，どこの国の人？　いつの時代の人かな？

T：「ゴッホってどこの国の人？」
S：「……」「イギリス」「オランダ」
T：「そうだね。オランダ人だ。ところで，ゴッホっていつの時代の人かな？」
S：「タンギー爺さんには1887－1888年って書いてあるから，江戸時代に終わりごろに生まれたのでは」
　　「索引を見ると1853年に生まれて1890年に亡くなってる」
T：「葛飾北斎はどうかな？」
S：「1760年生まれで1849年に亡くなってる」
　　「ってことは，ゴッホの若いころに葛飾北斎の作品を見たってことかな？」
　　「歌川広重は1797年に生まれて1858年に亡くなっている」
T：「歌川広重はほぼゴッホの生きた時代と重なるかな？」
S：「ってことは，ゴッホが浮世絵を盗作したんだ（笑）」
T：「いずれにしても，若きゴッホにとっては大先輩ってことだ」

> ★ **考えよう** それでは、ゴッホがどうして浮世絵を知ったのだろうか？

S：「鎖国の時もオランダと貿易していたから、日本土産に買っていったんだ」
　「それをたまたまゴッホが見て、すごいと思った」
　「なんかの博覧会で、浮世絵を見て感激した」
T：「君たちが想像する以上に、浮世絵はオランダに流れてたんだ。どういう経路をたどって浮世絵が知られるようになったのだろう」
S：「幕府の献上品」「たかが400円はひどいやろ」
　「セット販売とか？」
　「包み紙として使ってたのでは？」
　「それはひどい」
T：「当時の貿易品に陶磁器がありました。その包み紙に浮世絵が使われていました」
S：「へっ！　ひどい扱いだ」
T：「まあ、それだけ浮世絵っていうのは大衆化していたってことだね」

　日本の浮世絵が、ゴッホにより評価されていたのは定番ネタである。しかし、「ゴッホがどうして浮世絵を知ったのか？」は、あまり知られていない。ここから、当時の生き生きした民衆の生活や、他国とのつながりが見えてくる。　本ネタは、東京の山手線の車中で発見したものである。160円でこのネタはラッキーだった！（偶然にも浮世絵と同じ値段だった。笑）街中で、発見する眼力を養いたい。

20 エピソードで考える江戸時代の商品流通と交通（江戸の経済）

　教科書の記述で歴史の文脈がわかりにくい個所がある。例えば「鰯は肥料に加工され，綿の生産地に売られました」「東北地方や北陸地方の年貢米を大坂や江戸に輸送するため，西廻り航路や東廻り航路を開きました」などの，経済，流通そして交通にかかわる記述である。「なぜそうなるのか？」「その歴史的脈絡」などが不明瞭なのである。経済にかかわる事項を，エピソードを軸に学習する。

1　大坂への移入品

> **Q クイズ**　江戸時代，大坂は「天下の台所」といわれました。全国から，米をはじめいろんな商品作物が集積されています。1714年の資料では，1位は，米で，その数量は282792石で，40814価銀になっています。
> 米以下のベスト3は何でしょう？　次の品目から3つを選びなさい。
> 　菜種　白毛綿　紙　鉄　タバコ　材木　砂糖　大豆　塩　小麦
> 　布　絹　炭　畳表　干鰯　鰹節

　順次指名し，答えさせる。
　なかなか正解はでない。当て勘だが，なかなか楽しい。答えは「菜種」（28049価銀），「材木」（25751価銀），「干鰯」（17760価銀）である。
　それぞれ，「どうして多いのか？」を問う。菜種は灯火に，木材は家屋建設に使用されたので，需要が多いことは理解できるが，肥料に使われた「干鰯」については驚きのようである。

2　米はどうして輸送されたか？

★考えよう　米どころ東北地方（山形）の年貢米は，大坂そして江戸にどうして運ばれたか？

S：「荷車かな？」「それはたいへんだ」「いくら荷車あっても足りない」
　　「船で運んだ」
T：「そうだね。山形の酒田港から出発し，日本海から瀬戸内海を通り
　　大坂に運ばれた」

地図帳で探す　その経路をたどります。地名を黒板に書きますので，地図帳で探してください。どのグループが早く探せるか，競争します。

　佐渡の小木・能登の福浦・石見の温泉津・長門の下関・摂津の大坂・紀伊の大島・伊勢の方座・伊豆の下田・江戸（一部略）

発問　この航路を西廻り航路といいます。河村瑞賢がこのルートを開発しましたが，遠回りで，何がよくなったのかよくわからないのですが……

S：「……」「日本海は波が穏やか」
T：「これまでは，どうして大坂まで運んでいたのか」
S：「荷車」（笑）
T：「いや，まんざら，間違いでもないよ」
S：「琵琶湖から運んだ」
T：「正解だよ。琵琶湖からどう運ぶのかな」
S：「大津を通って，淀川を下る」
T：「そう。しかし，この流通経路の費用がかさんだ。どうしてか？」
S：「積み替えるからいろんな人手がいる」
　　「海から琵琶湖までは陸路だし，とにかく面倒」

T:「積み替え回数が多く，陸路もあり，米の損失が出たり，人件費が多く必要でした。河村瑞賢は，岩礁が多く危険な下関港には水先案内船を備え，鳥羽港の菅島では毎夜篝火を上げ，航路の安全確保に努めました」

3　干鰯の移入が多いわけ

発問　大坂への移入で第3位が，肥料である鰯を干した干鰯というのは意外ですね。この肥料はおもに何に使われたでしょう？

S:「野菜」「近郊農業」「そんなのない！」
T:「多くは大坂での綿作りに使われました。河内木綿って有名ですね。だから次のような興味ある事実があります」

地図帳で探す　和歌山と千葉で，共通する地名が多いです。例えば，次の地名です。（勝浦と白浜を探し，次の地図を提示する）

> **発問** どうして,和歌山と千葉で共通する地名が多いのか。ヒントは「綿作り」です。

S:「綿作りを広めるため,和歌山の人が移住した」
T:「移住もキーワードですね」
S:「綿を江戸で販売するため,千葉に移住した」
T:「綿作りに必要なものを考えてください。千葉で獲れるものとの関係です」
S:「干鰯を獲りに,千葉に移住した」
T:「畿内では,元禄時代に綿作りが盛んになり,その肥料として干鰯が使われた。しかし,需要に対して供給が足らず,農閑期になると"関西漁民"となり,黒潮に沿って千葉まで,干鰯をもとめて多くの出稼ぎ漁民が出現した。
　どうして,千葉の九十九里浜なのか」
S:「そこで鰯がいっぱい獲れたから」
T:「これは九十九里浜の広い砂浜に起因しています」
S:「そこで干すから?」
T:「魚のまま持って帰らないの?」
S:「くさってしまう」
T:「だから,関西漁民は,そこで掘立小屋を建てて定住しなければならなくなった。そのうちに移住する人もでてきたというわけだ」

そして,「銚子在住者の苗字で紀州の地名と共通するもの」を示した地図(略)を配布する。そこには「加太」「湯浅」「印南」「熊野」「日高」「紀之国」「田辺」などの地名がある。

歴史学習における経済や流通そして交通については,試験に出題することも少なく,暗記強要型授業が多い。しかし,生産力の向上をはじめとする経済発展は,大きく社会を変える。特に交通の発達は,経済発展のキーワード

である。ここでは，「和歌山」と「千葉」の地名の一致という興味ある題材を紹介した。

> 〈コラム〉 千葉県の醤油は和歌山県湯浅から
>
> 　醤油生産日本1位は千葉県で，全国の約30％を占めている。しかし，発祥の地は和歌山県湯浅である。江戸時代の湯浅には醤油屋が約90軒もあった。調味料の中心は味噌だったが，江戸時代に都市部から醤油が広まり，日本料理の味ができあがった。ところが，湯浅近辺には13世紀にはすでに醤油があった。湯浅の醤油は濃い口で，この醤油が関東に伝わったとされている。湯浅から黒潮の流れに乗り，千葉県の銚子に渡った人がヤマサ醤油を創業した。江戸時代には，このような交易が活発におこなわれていた。また，醤油を搾る袋をヒントに丈夫な漁網が作られ，紀州漁民が房総半島などの漁場を開拓した。九十九里浜の漁師言葉には，湯浅なまりが残っているそうだ。

【参考文献】
・高埜利彦『天下泰平の時代』岩波新書，2015
・「朝日新聞」2017年2月1日

活用

21 被差別民の生活は苦しかったか？（部落史再考）

室町時代の「河原者」からはじまり，戦国時代の「かわた」は，死牛馬の処理や皮革業にかかわっていたとして「ケガレ」た存在だとされた。その後，江戸時代，「えた」「ひにん」になった被差別民の生活は苦しかったのか？

1 仏滅に結婚式をしますか？

「数字の4や9のコインロッカーは使わない」「結婚式は仏滅にはしない」「外国語で話しかけるのがイヤで外国人をさけることがある」など，偏見に関する10の事例をあげ，意見交換をすることから自分自身の偏見に気づく。

927年の延喜式により三穢（死穢・産穢・血穢）を定められたことなど，古代・中世の「ケガレ」感の発生について学習する。

> **発問** あなたが，西暦1000年代に生きていたとして，死体を処理し，埋葬をおこなう人に対してどのような感情をもちますか？

S：「自分もケガレが伝染するんじゃないかと近寄らない」
　「人の嫌がる仕事をしているのですごい」
　「すごいと思うけど，自分も死ぬんじゃないかと思い近寄らない」
　「尊敬に値する」
　「今でも埋葬をする人はすごいと思うから，当時はかなりすごい」

T:「つまり，ケガレが伝染することはイヤだけど，死体を処理し埋葬をおこなう人に対しては，ある意味，尊敬の念をもつということですね」

被差別民の仕事を整理し，「ケガレ」を「キヨメル」仕事をしていたことを確認する。

2 最初の差別法令

「穢れ」感が強化されるのは，綱吉の時代（1680年ごろ）からである。
1684年服忌令により，近親者に死者があった場合の忌引きの期間の規定がおこなわれた。お祝いごとに行けないのは13か月にも及んだ。灸や鍼を打って身体を傷つけた血の穢れがあるときは，行水し，儀礼に参加するとの令だった。これにより，死牛馬の処理をし皮革を加工する「かわた」や，動物の死骸を片づけ清める仕事をしていた被差別民の仕事は増えたが，被差別民に対する"差別意識"は強まったことを確認する。

> **Q クイズ** 江戸幕府が，えた，ひにんの人々に対する差別法令を最初にだしたのはいつごろか？
> ア　江戸時代のはじめ（1600年〜20年）
> イ　幕府の権力の確立のころ（1620年〜50年）
> ウ　江戸時代の中ごろ（1750年から90年）
> エ　幕末（1800年ごろ）

A 答え ウ

≪最初の法令：1787年≫

> 近来，えた・非人などのたぐい，風俗悪く，百姓・町人に対し，法外のはたらきいたし，あるいは百姓体に扮し，旅籠屋・煮売り，小酒屋などに立ち入り，見とがめ候へば，むずかしく申し候えども，百姓・町人な

どは外聞にかかわり，用捨ていたしおき候ゆえ，法外に増長いたし

> 💬 **グループ** 討議 次の法令は江戸時代に出されたある藩のものです。（　）に当てはまる言葉を考えてみよう。
> ① 道路を通行するときは（　）を歩くこと
> ② 平人と同じ火で炊いたものを食べてはいけない。（　）を直接つけあってはいけない
> ③ （　）の場合もその場所に行ってはいけない
> ④ 髪は（　）か引き裂いた紙でくくるように
> ⑤ ある平人とえたが結婚したという理由で，2人の（　）を切り，その両親をえた身分に落とした

全問正解はない。

A 答え ①はし　②タバコ　③火事　④わら　⑤髪

「ケガレ」は「火」「器」「結婚」の3つから伝染すると考えられていたことを確認する。なぜ，この時期に差別法令が多くだされたのか？　百姓一揆が増加し，身分差別が揺らぎ始めたことが背景にある。

4　人口から考える被差別部落

> **Q クイズ** 江戸時代，次のなかから「被差別部落」の人たちがやっていなかった仕事はどれだろう？
> 革製品づくり　　死牛馬の処理　　ろうそくのしんづくり　　瓦版づくり
> ため池の水番村の警護　　牢屋の番　　農業　　医者　　薬売り
> 助産婦　　はきものづくり　　猿回し　　芝居の役者　　寺のそうじ
> 浮世絵の原版づくり

順次，指名し答えさせていく。ほとんど正解はない。「農業」「医者」「寺のそうじ」などが多い。「農業」＝「農民」というステレオタイプ思考がこの背景にある。「医者」は，助医的な仕事をしている。「解体新書」を執筆のおりに，執刀した「えた」身分の事例などを補足的に説明する。

　正解は，「瓦版づくり」と「浮世絵の原板づくり」である。理由は，識字率も低く，不十分な文化的環境におかれていたことが要因だろう。

★★ **考えよう** 他の地域は人口が停滞しているのに，どうして被差別部落の人口が増えたのか？

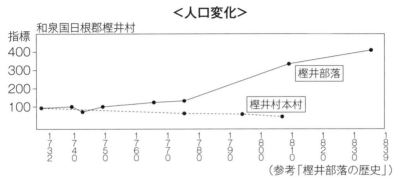

＜人口変化＞
（参考「樫井部落の歴史」）

S：「生活が苦しいから子どももたくさん産む」「いろんな仕事があったから」「助け合っている」「幕府から収入を得ていた」「葬式などでもうかる」
T：「ヒントは被差別民の仕事です」
S：「仕事もいっぱいあり，もうかる」
T：「農業って収入が安定しないよね。なぜ？」
S：「収穫高が年により違う」「ききんとかおこると収穫が減る」
T：「つまり，被差別民の仕事は自然や気候に左右されることなく，比較的安定しているね」
S：「まあまあ仕事も安定していた」
T：「だから，多くの人口を養うことができ，増えたってことだね」

> **まとめ** （　　）に当てはまる言葉を入れよう。
> 　江戸時代の「被差別部落」の仕事は，公的な（　①　）（　②　）（　③　）などの仕事をし，その代償として（　④　）（　⑤　）などの仕事を認められた。

A 答え ①②③清掃，刑罰，死牛馬の処理　　④⑤皮革業，はきものづくり

　つまり，今でいうところの「公務員」の仕事をしていたが，仕事が恒常的にないので，他の仕事をすることも認められた。最後に，被差別民の生活は，けっして極貧ではなく，農民などと比較し，相対的に豊かであったことを確認する。

＊追記：明治以降，なぜ被差別部落は貧しくなったのか？

　1871年の「解放令」で被差別部落は法的にはなくなった。しかし，これ以降，生活が苦しくなる。それは，「解放令」により，法的に差別はなくなったが，皮革業などの部落産業が独占できなくなるとともに，就職差別もあり，主要な生産関係から疎外され，貧しくなった。また，明治以降にも新しい部落がつくられる。西日本では増え，近畿地方では横ばい，そして東日本では減っている。福岡や愛媛では，日本の産業の根幹になる鉱山が開発されたことにより，鉱山で働く人々の居住地が部落に組み込まれていく。神戸は開港後，外国人が多くなり，その人たちの食を支えるため屠場がつくられた。そこを中心に新たに部落がつくられ，差別が拡大された。

　部落史の「政治起源説」克服の1事例としてまとめてみた。本事例は，教師向け研修として開発したものである。研修では古代から近代までの部落史を扱うが，ここでは近世を中心に紹介した。

【参考文献】
・住本健次・板倉聖宣『差別と迷信　被差別部落の歴史』仮説社，1998

習得

22 アメリカ来航への危機管理（日米修好通商条約）

ペリー来航の背景やそのねらい，また，日本の役人のハリスとのしたたかな条約交渉，そして，アメリカ国内の動向から，日本が植民地化を回避できた要因を考える。

1 ペリー来航

書く 下の白地図（略）にペリーが日本にやってきた経路を書こう。

数名，黒板に経路を書かせる。多くは，西海岸から太平洋を渡り日本にやってくる経路を書いている。

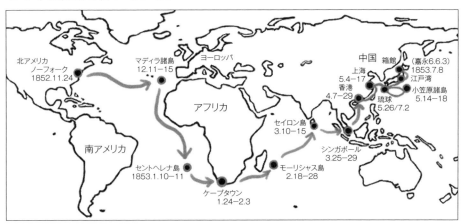

T：「なぜ遠回りして，大西洋からアフリカ南端を経由しているのか」
S：「燃料がないから，途中で吸入しないといけない」
　　「アフリカに興味があったから」

T:「この航路から他に気づいたことはないか」
S:「中国のいろんな都市に寄港している」
　「那覇にも寄っている」
T:「江戸，那覇，香港間は1853年から54年にかけて数回往復している。それでは，このペリー来航の目的を考えよう。アメリカは，どこの国を最終的に確保しようとしたのだろうか」
S:「日本」「中国」
T:「当時，もっとも力をもっていた国は」
S:「イギリス」
T:「イギリスはどこの国と戦争して勝ったかな」
S:「アヘン戦争で中国に勝った」
T:「イギリスに遅れるなと焦ってたってことかな」
S:「だから中国に何回も寄港しているんだ」
T:「日本には，燃料や水，食料の補給を要求したね。なぜかな」
S:「クジラを獲るためと教科書に書いてある」
T:「クジラは何のために必要だったのかな」
S:「食べるのでは」「油」
T:「クジラの油は灯油や潤滑油，ヒゲは傘の骨やコルセット，腸でつくられる物質は薬品や香水に使われました」

　広い太平洋を横断するためには，水や石炭，それに新鮮な野菜を補給する中継基地が必要だったことを確認する。

2 来航の反響

　さまざまな「ペリーの似顔絵」を示し，当時の民衆の驚く様子を学習する。また，ペリーの贈答品である「電信機」「蒸気機関の模型」の写真を示し，交渉を有利に進めようとしたペリーの意図を考えさせる。

> ★★ **考えよう** これに対して日本は,どのようにアメリカを驚かそうとしたのだろうか? 次から2つ選びなさい。
> ア 相撲取りに相撲を取らせ,力を誇示しようとした
> イ 大砲による演習をおこなった
> ウ 忍者の芸を見せた
> エ お寺の鐘を集め,海岸に並べ大砲の弾らしく見せた

A 答え ア,エ

＊東京「お台場」の写真を見せ,「台場」というのは,外国の来航に備えて造られた砲台であることを学習する。
日米和親条約についてまとめる。

3 ハリスがやってきた～日本の役人ががんばったことは～

1856年,今度は,貿易を目的にハリスが下田にやってきた。

【ロールプレー】（3人の日本の役人を指名。教師はハリス役）ハリスが日本に次のようなことを要求してきた（仮定）。君は，日本の代表だ！さて，どうするか？

ハリス：「函館，神奈川，新潟，神戸，長崎，大坂の港を開港してほしい」

役人Ａ：「神戸と大坂は近いので神戸だけでいいのでは？」

ハリス：「大坂は商業の中心なので，ぜひ開いてほしい」

役人Ａ：「歩いてもすぐなので，神戸だけにしてほしい」

ハリス：「我々外国人が日本で事件をおこしても，自国で裁判ができるようにしてほしい」

役人Ｂ：「日本でおきた事件だから日本で裁判する」

ハリス：「それはダメだ。日本は裁判制度どころか，いろんな法整備が不十分だ」

役人Ｂ：「これを認めると，アメリカは日本で好き勝手するのではないですか？」

ハリス：「でも我々も，白洲で根拠のないことで処罰されても困る」

役人Ｂ：「……」

ハリス：「貿易を活発にするために，日本が勝手に関税をかけないようにしてほしい」

役人Ｃ：「関税って何ですか？」（笑）

ハリス：「輸入品に税金をかけることです。それをされると，自由な貿易ができません」

役人Ｃ：「でも，安いものが輸入されると日本も困ります」

ハリス：「どうしてですか？」

役人Ｃ：「外国の安いものがよく売れるので，日本は困ります」

ハリス：「でも税金をかけることが逆に不平等でしょう」

役人Ｃ：「……」

ハリス：「京都に居留地をつくりたいのですが」
役人Ａ：「京都はダメです。天皇が住んでおられますし，もめごとがおこっても困ります」
ハリス：「まあ，それはいいでしょう」
「我々は日本と貿易をしたいのですが，日本全体で販売させていただいてもいいですね」
役人Ｂ：「それはダメです。日本が外国品ばかりになり，つぶれます」
ハリス：「いいものを作ればいいじゃないですか？」
役人Ｂ：「今は無理です」
ハリス：「それは日本の勝手でしょう」
役人Ｂ：「鎖国していたので，もう少しすればがんばりますので」

そして1858年，日米修好通商条約が結ばれる（第3条から第7条を提示するが，3～6条については略）。

第7条　・開港地において，米国人は以下の範囲で外出できる。

○神奈川：東は六郷川（多摩川）まで，その他は10里。
○箱館：おおむね十里四方。
○兵庫：京都から10里以内に入ってはならない。他の方向へは10里。かつ兵庫に来航する船舶の乗組員は，猪名川から湾までの川筋を越えてはならない。
○長崎：周辺の天領。
○新潟：後日決定。

但し，罪を犯したものは居留地から1里以上離れてはならない。

第3章　「中世」「近世」ウソ・ホント？授業　93

> **グループ討議** この条約は，日本とアメリカが貿易をはじめるための条約だと考えていいですが，不平等条約といわれています。まず，不平等な点をあげましょう。また，アメリカの要求に対して，日本ががんばった点はどの部分でしょうか？

　3条から開港地を，4条から関税自主権のないことを，そして，6条から治外法権を確認する。

＜「日本ががんばった」各グループの回答＞
A　開港地を江戸，大坂にもアメリカが要求したが，認めさせなかった
B　アメリカ人の裁判官を日本におくことを要求したが，させなかった
C　アメリカ人が外出範囲をもっと広く要求したが，それを認めなかった
D　アヘンの輸入を要求したが，認めなかった

T：「C班が正解です。アメリカ人の自由な旅行，つまり，全国各地での商売を認めさせなかったのです。それはなぜですか」
S：「日本各地で生産される品物がすべてアメリカに安く輸入されてしまう」「各地でトラブルがおこり，それが原因で戦争になる」
T：「両方とも正解ですね。自由な旅行を認めると，アメリカ商品が全国各地に入ってきますね。そうすると，日本経済が壊滅状態になります。日本の国を守るためにも，当時の役人はこのことは認めませんでした」
S：「へっ！　けっこうやるやん」

　ペリー，ハリスの来航！　アメリカに圧倒される日本という構図に揺さぶりをかける。日本の権益を守ろうとした官僚に視点を当てながら，日本の植民地化を阻止した，先人の努力を学ぶ学習である。

【参考文献】
・三谷博『危機が生んだ挙国一致』NHK出版，2011

方法

23 江戸幕府を倒したのは誰か？（ランキング）

「江戸幕府を倒したのは誰か？」のランキングをグループでおこなう。幕末の学習は，雑然と知識がはいっていることが多く，知識が整理されていない。複雑に流れる歴史を整理し統合させ，考えさせることが大切である。

1 3人を選ぼう

グループで ランキング 江戸幕府は1867年に滅ぶ。幕府を滅ぼしたのはどんな人（国）か？ 次のなかから重要と思うものをグループで3人（つ）選ぼう。 ペリー イギリス 天皇 西郷隆盛 桂小五郎 坂本龍馬 高杉晋作 大久保利通 農民，都市住民 グラバー その他

＜方法＞

① グループごとの意見交換を通じて，3人（つ）を選択する。
② 各グループで1位を選んだ理由を全体に発表する。
③ 再度，班で意見交換し，3人（つ）を選択する。
④ 意見を300字程度にまとめる。
⑤ それぞれ各班ごとに発表させる。

2 ○○が倒幕に果たした役割

各班から，1位の人とその理由を全体に発表する。（1例）

A班（坂本龍馬）

薩長同盟はもちろんのこと，武器がなかったら倒幕は無理。もうけようということもあったけど，グラバー等を通じて武器を調達した。

B班（農民，都市住民）

大多数を占める農民や都市の人たちが支持してくれないと無理だと思う。「ええじゃないか」がポイント。

C班（アメリカ）

1853年に，アメリカのペリー来航をきっかけに開国し，貿易を開始したことで攘夷論や尊王論が出てきて，倒幕の動きへと発展していったからだ。

3　グループ討議，原稿づくりからプレゼンへ

A班　（坂本龍馬）（西郷隆盛）（桂小五郎）

薩摩藩と長州藩はともに最初は攘夷派として，薩摩は薩英戦争でイギリスと，長州藩はイギリス，フランス，オランダ，アメリカの4カ国と戦い，コテンパンにやられます。しかし，このことで列強の強さを認識した両藩は，単なる攘夷では日本は滅びると危機感を強くもつことになり，倒幕への道を歩みだすことになります。そこで，坂本龍馬は当時仲の悪かった両藩を仲直りさせました。この困難な同盟は，新式銃や大砲などが欲しかった長州藩に対し薩摩藩が武器を提供するという形で両藩の同盟を成立させました。この同盟により倒幕運動が一気に盛り上がり，翌年の大政奉還につながりました。

B班　（坂本龍馬）（天皇）（農民，都市住民）

坂本龍馬と農民，都市住民と天皇が，幕府を倒すために重要な役割を果たしたと思います。なぜなら，坂本龍馬は薩長同盟の仲立ちをしたからです。これにより，倒幕へ向けて動き出したところで農民らが世直しで「ええじゃないか」を踊りました。これでほとんどの人が幕府を倒そうという考えになりました。その後，徳川慶喜が大政奉還で政治の主権を天皇に返しました。

幕末志士による幕府滅亡という"英雄史観"を克服したい。幕府滅亡を多面的・多角的に分析することから，歴史における個人の役割についても考えたい。

第4章

「近代」「現代」ウソ・ホント？授業

24 ミニネタ なぜ阿修羅像は国宝館に安置されているの？（廃仏毀釈）

明治維新の廃仏毀釈により，多くの寺院が廃寺の危機に陥った。しかし，具体的にどんなことだったのか？　また，今もどんな影響がでているのかわかりにくい。廃仏毀釈を具体的事例を通じて学習する。

1　興福寺国宝館の入場券から

興福寺国宝館（写真）の入場券（略）を提示する。

★**考えよう**　興福寺には，阿修羅像という有名な仏像が安置されている。しかし，この像を含め多くの仏像が，寺ではなく国宝館に安置されている。それは，なぜか？

S：「寺だといたずらされるから」
　　「あまりにも高貴な仏像なので，安全な国宝館に安置してある」
　　「あまりにも数が多すぎて，寺には安置できない」
T：「理由は，明治維新の仏教に対する新政府の政策に関係しています。
　　明治維新までは，"神仏習合"といい，神社と仏教とが融合してい

ました。具体的には、東大寺の大仏が建立された時、九州の宇佐八幡宮が、その無事を祈ったことがあげられます」

Q クイズ 興福寺は、平安時代のある有名人の氏寺です。誰ですか？

S:「藤原氏」
T:「そうです、藤原氏です。藤原氏の氏神が興福寺の近くにある神社です。何という神社ですか」
S:「……」
T:「"か"がつきます」
S:「春日大社」
　「初詣に行った」
T:「藤原氏は、近くに氏神としての春日大社、氏寺としての興福寺を持ちました。このようなことを"神仏習合"といいます」

2　廃仏毀釈によって

★考えよう 明治維新は、神仏習合を否定し、多くの寺を廃寺にする政策を進めました。そのことと、阿修羅像が興福寺に安置されていないことが関係しています。どういうことでしょう？

S:「興福寺のいくつかの建物がなくなった」
T:「そうです。興福寺の三重塔や五重塔も焼かれる寸前でした」
S:「へっ！　あの奈良駅前の五重塔がなかったかもしれないんだ」
T:「住民の反対もあり、それは回避されました」
S:「すごい！」
T:「理由は、焼くと煙や灰がでて困るからということだけど（笑）。でも境内地も奪われて奈良公園になったんだ」

> **発問** 西大寺や法隆寺はどうなったのか？

S:「法隆寺はかなり大きいから影響は受けなかったのでは」
　「西大寺って寺はあったっけ」
T:「大和西大寺駅前にあります。でも境内の面積も狭く，当時のおもかげはなくなっています」
S:「法隆寺は？」
T:「法隆寺は経済的に困難な状態におかれ，1878年に，聖徳太子の肖像画や隋唐からの金銅仏など300あまりの宝物が皇室に献納されています。その宝物の多くは，東京国立博物館で保管・展示されています」

　これらの寺院は，戦後，高度経済成長による修学旅行や「観光寺院」ブーム，そして，世界遺産の登録により息を吹き返した。

【参考文献】
・島田裕巳『浄土真宗はなぜ日本でいちばん多いのか』幻冬舎新書，2012

方法

25 "パン"から富国強兵を（時代が見える"モノ教材"）

土器，矢じり，銅鏡からはじまり，木綿，香辛料，関所の手形，赤紙，千人針，海軍さんカレーなど"モノ教材"は枚挙にいとまがない。しかし，授業では導入で使用する程度で，発展性がないモノが多い。ここでは，モノから時代像につながる「パン」をとりあげる。

1 日本で最初のパン

"アンパン"と風月堂のお菓子を教室に持っていく。

> **Q クイズ** 日本で最初にパンを作ったのは，何という店でしょう？

```
S：「ヤマザキ」
  「フジパン」
T：「答えは風月堂です」
  （「知らない」の声）
  「このお菓子を作っている会社です」
```

風月堂のお菓子を提示する。

```
T：「それでは，日本で最初のアンパンを作ったのはどこですか」
S：「……」
T：「アンパンは木村屋です。どちらも，文明開化のころに製造されました」
```

第4章 「近代」「現代」ウソ・ホント？授業 101

2　パンと富国強兵

> ★**考えよう**　1840年のアヘン戦争で清がイギリスに負けたのは，パンがなかったからということから，パンの製造がおこなわれるようになりました。パンと戦争，いったいどういう関係にあるのか？

S：「パンは持ち運びが便利で，戦争に持っていきやすい」
　　「米は持っていくのが重く，戦争に適さない」
　　「米はいちいち飯ごうで炊かないといけない」
T：「炊くと都合の悪いことがおこらないかな？」
S：「炊くと火や煙がでる」
　　「そうか！　火や煙がでると敵に陣地を見つかってしまうんだ」
T：「飯ごうで炊くと煙によって敵に容易に発見されるし，ご飯を食べている時というのは和んでいるから，そこに攻められるとひとたまりもないなんてことも，パン製造を奨励した要因なのです。パンと富国強兵とは，こんな関係があります」

　牛肉やカレーと文明開化はよくとりあげられる。パンと文明開化は無縁なようで，「富国強兵」と関係がある。本授業は，いわゆる学力が低いとされる生徒が活躍する。歴史の本質につながる"モノ教材"が大切だ。

方法 26 士族・農民の立場で明治維新を大観（ダイヤモンドランキング）

明治維新の政策を個別具体的に学習していく。「明治維新って何だっけ？」と問えば，「天皇が支配する世の中になったのでは」「土地の改革をしたかな」「西洋風の国になったかな」等の意見が返ってくる。「士族の不満度」を考える「ダイヤモンドランキング」の手法で，明治維新を大観する。

1　士族の不満度が高いのは？

明治維新に関する18項目を書いた紙を配る。

①版籍奉還　②廃藩置県　③江戸から東京
④ちょんまげの禁止　⑤廃刀令　⑥殖産興業
⑦徴兵令　⑧解放令　⑨地租改正　⑩パン
⑪学制　⑫太陽暦　⑬四民平等　⑭牛肉
⑮人力車　⑯洋服　⑰貨幣制度　⑱汽車

ダイヤモンド◆ランキング　班ごとに，士族がもっとも不満度の高いものを1つ，まあまあ不満をもったものを3つ，そして，全然不満をもたなかったものを1つ選びなさい。

回答例

1班　⑤・⑬④③・⑮
2班　⑬・⑤⑨⑯・⑱
3班　②・①⑤④・⑭
4班　⑤・⑬⑯③・⑪

2 ランキングの根拠を討議する

> **発問** トップにランクされたのは②⑤⑬に分かれていますが，その理由を述べなさい。

S：「刀がなくなって，切捨てごめんができなくなったから⑤だと思う」
　「それは一部であって経済的には何も変わらない」
　「廃藩置県のほうが，藩がなくなり武士が首になるのだから，これは不満が大きい」
　「武士は生活よりプライドだって」
　「そうだ！　実際，反乱をおこしているのはちょんまげや刀をなくしたからだ」
　「それらの反乱は一部だけ。生活の基盤をなくすほうが大きい」
T：「ランキングのトップは，経済的にも地位的にも武士そのものを否定された②にしたいと思います。それでは2，3，4位はどうでしょう？」
S：「帯刀とちょんまげの禁止だって」
　「徴兵令によって自分たちの仕事がなくなったのでは」
　「身分差別がなくなったのは腹が立つって」

以下，討議を重ねながら決めていく。ここでは⑤⑬⑦になった。
農民の不満についても同様に行う。

協働的な学習を通じて，合意形成にいたる授業である。学習者の多様な意見交換から，それぞれの歴史像を形成することができる。

授業方法

直接国税15円以上は許せないか？（ロールプレー）

「25歳以上男子，直接国税15円以上を納めている人」という明治時代の制限選挙は，不十分だったのか？ それともしかたなかったのか？ このテーマを，板垣退助と伊藤博文の2人のロールプレーにより学習する。

1 全人口1.1％の選挙権

T：「今，選挙権はどんな人にあるの？」
S：「20歳以上の男女」「18歳以上の男女」
T：「1890年の第1回帝国議会の衆議院議員の選挙権は？」
S：「25歳以上の男子で，直接国税15円以上納めている人」
T：「これは全人口の何％だったかな」
S：「1.1％」

2 板垣退助 VS 伊藤博文

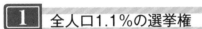 全人口の1.1％に選挙権というのは，不十分だったのか？ それともしかたなかったのか？ 板垣退助（不十分），伊藤博文（しかたない）に分かれて話し合いをします。

強制的に1グループ4人程度のグループに分け，それぞれの立場でその根拠を話し合う。

＜板垣退助＞

・1％の意見だけで政治はできない　・女子にも選挙権を与えるべき

第4章 「近代」「現代」ウソ・ホント？授業　105

・豊かな人の意見だけの政治になってしまう
・貧しい人の生活がよくならない　・こんな選挙は何の意味もない
＜伊藤博文＞
・まず日本の選挙制度を整えることが大切　・最初はこんなもの
・世界のどこでも最初は制限があった

3　ロールプレー～全人口の1.1％の選挙権の是非を問う～

【ロールプレー】 板垣退助と伊藤博文の立場に分かれて「全人口の1.1％の選挙権の是非を問う」意見交換をします。

板：「生活が豊かな人だけに選挙権があるというのでは，みんなの意見が政治に生かせない」
伊：「まず，国会を開いて，選挙をすることが大切」
板：「みんなの意見を聞けないような国会では意味がない」
伊：「どこの国も，最初はこんなもんだ（笑）」
板：「悪いことを真似ることはない」
伊：「江戸時代からいきなり，全員に選挙権は無理な話」
板：「豊かな人だけの選挙権では，その人たちだけの政治になる」
伊：「世界に追いつくことが大切。最初からすべての人の意見は無理」
板：「1.1％ってのはあまりにも少なすぎる」
伊：「当時は，新聞もテレビもなく，すべての人が世の中をわかっていない。だから，すべての人に選挙権を認めても意味がない」

　当時の文化状況が制限選挙の背景にあるという意見は，1925年の普通選挙制定の根拠にもなる。

【参考】
元筑波大学附属小学校の長谷川康男氏の公開授業

28 日露戦争は自衛戦争か？（部屋の四隅）

方法

「大いに賛成」「まあ賛成」「まあ反対」「かなり反対」のコーナーを教室の4つの隅につくり，意見交換ごとに移動するワークショップである。

<手順>
①それぞれ4つのコーナーから数名の意見を聞く。
②意見発表後，考えが変わったら移動する。
③どうして意見が変わったのか発表する。
④以上を数回繰り返すなかで，多様な意見から意思決定する。

<意見例>
● 「大いに賛成」 ○「まあ賛成」 △「まあ反対」 ×「かなり反対」

△確かに，日露戦争に勝った直後はよかったかもしれない。でも，その後，戦争を重ね，原爆投下までつき進んでしまった。そこで反省では遅すぎる。日露戦争の勝利が変な自信になり，日本の進路がくるってしまった。

×日露戦争の勝利によって条約改正が成功したことは事実だが，この戦争をきっかけに，日本はかなり「いきって」しまう。満州へも侵略していく。日露戦争に，賛成している人は，日本のことしか考えず，植民地にされた国のことを考えていない。

●確かに戦争はいけないことだ。が，話し合いではすまないことだってある。それが日露戦争だ。だんだん時間が経過するなかでロシアが動き出す。シベリア鉄道が開通し，満州そして朝鮮へとやってくる。だから，話し合いでは何の解決にもならない。

○話で解決できるのだったら，現在戦争もおきていない。戦争は最後の手段

であって，これがないと解決できないから戦争になる。誰だって，どこの国だって話し合いで解決したい。

（ここで●の意見に説得力があるのか，●○に数名が移動）

× 戦争に勝って認めてもらうのではなく，文化や産業面でも認めてもらえる。意見にあるように，その後の日本は戦争を繰り返し，最後に原爆を落とされてようやく戦争への反省をする。結局，最終的には何もよくなかった。その後の日本の進路を考えると日露戦争は間違っていた。

△ 日露戦争がすべての引き金とは言いがたいが，引き金になっていることは事実だ。この戦争は日本が勝って，その後の満州への進出，そして太平洋戦争へとつながっていく。悲惨な戦争の歴史のはじまりだ。戦争はまったく無益なものだ。

× ロシアが日本を侵略するという意見には根拠がない。日英同盟を結んでいるからそう心配することもなかった。また，この時代の日本は工業なども発達し，少なからず人々の生活も楽だった。それに，清に勝ったのだから他の国々も日本に一定の評価もしていた。だから，日本が自分を守るのに精一杯だったとは思えない。

● やらなきゃやられる。当時はそういう状況に日本は追い詰められていたし，世界も帝国主義の時代で戦争が当たり前だったのだ。そして，ロシアという強い国を倒すことによって自国を守ることができたと思う。植民地にされる危険性も十分あり得た。日本はそれを知ってて，清やロシアとも戦争をした。

○ 日露戦争がなければ今の日本はなかった。勝って世界に認められたし，不平等条約の改正もできた。他にも，ロシアに侵略されなかったことが結果的にもわかる。やはりこれらは戦争をした結果，得られたものだ。

以上のような意見交換を起立状態で行う。相互批判による協働の学びから考えが揺れ，歴史認識を深めることが可能である。

29 習得 米屋を襲うのは暴動か？
（米騒動）

近代・現代

　米騒動の成果と課題について考える授業である。「なぜ富山県からはじまったのか？」「なぜ女性がはじめたのか？」「どうしていきなり米価が上昇したのか？」「騒動が小規模だった県は？」など，子どもの疑問からはじめたい。また，これだけ盛り上がった「民衆運動」は無駄だったのか？　この意義を考えさせたい。全国のほとんどの都道府県でおこったので，ぜひ地域資料は使いたい。

1 劇化から考える米騒動（富山編）

＜劇をしよう＞

ナレーター：「1918年7月22日，富山県の漁村で5～6名の主婦たちが井戸端会議を開いていました。彼女たちの多くは，はしけで働いていました。沖合に停泊した船に野菜や米を運び，逆に北海道から来る魚や昆布を浜辺に陸揚げするのが仕事でした」

A：「春からずっと不漁なのに米の値段が天井知らずに上がっては，やりきれないよ」

B：「まったくだね。米価がこんなに上がるのはなぜだろう」

ナレーター：「一人が沖に停泊している汽船を指さして，『あれだよ！』と言いました」

C：「あの船が？」

D：「あれは大阪に米を運ぶ船だよね」

A：「米価が上がって困っている

　　　　　のに，大阪まで運んでいくって許せない」
ナレーター：「1918年８月３日になりました。西水橋町で約200人の
　　　　　　　女性たちが，浜辺に集まりました。夜になり，町の米屋や
　　　　　　　米を所有している資産家の家などに押しかけました。
Ｂ：「米を安く売れ」
Ｃ：「よそに運び出すな」
ナレーター：「こうして米騒動がはじまりました」

　◆発問◆　米騒動は女房一揆といわれるように，女性からはじまりました。男性はどうしていたのでしょう。

Ｓ：「いつも台所で仕事をしている女性のほうが，たいへんさがわかる」
　　「漁に行っていたのでは」
Ｔ：「男性は北海道や樺太に遠洋漁業にでかけており，女性が行動の担
　　い手になりました」

　◆発問◆　米価が上がるのは，大阪の米を運ぶ船が原因だと言っているが，なぜだろう？

Ｓ：「自分たちの地方で作った米が都会へ持っていかれるから」
Ｔ：「なぜ，大阪に持っていくの」
Ｓ：「高く売れるから」
Ｔ：「大阪の商人が米を買い占めたといわれています。そのころ，買い
　　占めて，米をどこかに運ぶ必要があったんだよ」
Ｓ：「……」
Ｔ：「1917年に世界で大きい出来事があったね」
Ｓ：「ロシア革命」
Ｔ：「ロシア革命がおこり多くの米が必要になった」
Ｓ：「……」
Ｔ：「日本はロシア革命に対して何をしたの」

考えよう 滋賀県は1町2村で，比較的少ない数にとどまりました。
〜は滋賀県の対策に効果によります。どんなことをしたのだろうか？
（　）に当てはまる言葉を入れなさい。

・価の引き下げ
・付金による安売り
・費で購入した（ ① ）を1万石，神戸から運び県内に配分
・産米の（ ② ）の禁止
・警察署が米穀商に安売りを勧告，京都への米移出の禁止

答え
②県外移出

「滋賀県は，いろんな対策を講じることによって，米騒動の拡大をおさえました」

騒動の意義と課題

グループ討議 米騒動は，日本の国の発展ということから考えた場合「とてもいい」を「10」，「かなり悪い」を「1」として評価しよう。

・り方は悪いが，政治に文句を言い行動をおこしたから
・分たちの生活をよくするための行動はいいが，やり方が悪い
・果は，責任をとって寺内内閣がつぶれたが，バラバラだったか・まとまりがなく成功しなかった
・る暴動で，自分たちの要求を暴力で訴えただけ
・，寺内内閣は，緊急輸入した「外米」や白米の廉売を実施し・300万円をはじめ三井，三菱などの財閥，富豪などが寄付にれておく。一方で，2万5000人以上の検挙者，死刑2人，無・め厳しい判決がだされている。

S：「シベリアに出兵」
　「そうか！ シベリアに行く兵隊さんへの食糧確保のために米を買い占めたんだ」
T：「これにより米価が上がったんだね」

2　大阪の米騒動

Qクイズ 大阪でも米価は高騰しました。1918年の米価はいくらになったのでしょう。（1900年を100とする）

＜大阪の米価＞

1900年	100	1916年	122
1913年	189	1917年	168
1914年	139	1918年	（　　）
1915年	113		

全員に書かせる。

A 答え 290

大阪の米騒動の生々しい様子を紹介する（自分たちの住んでいる地域の米騒動を紹介したい）。

（ア）方面にあらわれた群衆は，谷津橋から北西へむかい，乾物屋，八百屋，炭屋などの店頭に殺到し，安売りを強制した。最初は，半額くらいで品物を買い取っていたが，群衆の数が増えるにつれて，ただ，傍観しているだけだ。（イ）から心斎橋筋にまわった群衆は，白木屋，（エ）屋，大丸などのショーウインドウを石や鉄棒でめちゃめちゃに割った。南区天王寺町の被差別部落の人々は一団となって，何軒かの炭屋におしかけ，炭1俵50銭の値で，何百俵をうむを言わせず買い取った。天王寺警察から警官が自動車2台で急行し，退散させようとしたがおよばなかった。

第4章 「近代」「現代」ウソ・ホント？授業　111

（　カ　）人にふくれあがった群衆は，千日前通りおよび日本橋筋を行進，市内電車は午後より運転を中止。また，南区日本橋3丁目付近から新世界にかけて，何万とも数知れない群衆が精米所を襲い，放火してこれを全焼させた。一方，数千の群衆が，東区（ウ）にある（オ）商店大阪支店員の宿舎を襲い，石を投げ，こん棒をふりあげ，門内に侵入して，袋戸に石油をかけ，放火しようとした。急報により，歩兵八連隊，砲兵第四連隊の兵隊300名がかけつけ，空砲をはなって，これを阻止した。

（「東京朝日新聞」1918年8月15日付を参考）

発問
① ア～ウに当てはまる地名を答えなさい。
② エとオの店名を答えなさい。
③ カに当てはまる数字を答えなさい。

答え
①ア「玉造」　イ「道頓堀」　ウ「上本町」
②エ「高島」　オ「鈴木」　③1万人

発問
群衆の行動から"これはけしからん"と思う箇所にアンダーラインをひこう。

「店頭に殺到し，安売りを強制した」「石や鉄棒でめちゃめちゃに割った」「何軒かの炭屋におしかけ，炭1俵50銭の値で，何百俵をうむを言わせず買い取った」「精米所を襲い，放火してこれを全焼させた」「石を投げ，こん棒をふりあげ，門内に侵入して，袋戸に石油をかけ，放火しようとした」にアンダーラインをひいている。

T：「どうして，けしからんのか？」
S：「交渉して安売りはいいけど強制はだめ」「石や棒で割るってとんでもない」「放火するなんてとんでもない」「石油をかけ放火とはいけない」

T：「ってことは，米騒動に参加した人は，とんでもな とかな」
S：「でも，米を値上げしたのは商人が悪い」「買い占め もうけている」「っていっても放火とはダメ」「　い」「国民の生活をなんとかしなかった政府が悪
T：「放火などは悪いけど，その原因は，商人の米の ア出兵にあるから，政府の責任もあるってこと

3　滋賀県の米騒動

発問
下の表は，≪騒動発生市町村≫ づいたことをあげよう。

	市	町	村	計	炭坑	出兵		市	町	村	計	炭坑
北海道					1		石　川	1	2		3	
青　森							福　井		1	1	2	
岩　手							山　梨	1			1	
宮　城	1	2		3		1	長　野	1	1		2	
秋　田							岐　阜		3	5	8	
山　形							静　岡	2	12	4	18	
福　島	2	11	3	16	1	2	愛　知	3	12	1	16	
茨　城		1		1			三　重	1	2	7	10	
栃　木							滋　賀		1	2		
群　馬		1		1			京　都	1	3		7	
埼　玉		2		2			大　阪	2	10		25	
千　葉		2	1	3			兵　庫	3	5	11		
東　京	1			1		1	奈　良	1	2		3	
神奈川	1	1		2			和歌山	1	11	10		
新　潟	2	1		3		2	鳥　取					
富　山	1	7	4	12			島　根			1		

S：「秋田，山形など米どころはおこ 「近畿地方は滋賀が少ない」
T：「米騒動が確認されていない 県だけです（表の調査期間は191

米騒動の意義について確認したい。

第一に，普選運動への影響である。1918年10月に富山県で「滑川普通選挙期成同盟会」が結成され，「米騒動の原因は，選挙制度の欠陥にある」として，貧しい庶民にも衆議院議員の選挙権を与えよという運動を展開している。

第二に，女性参政権についても，米騒動は女性たちの活躍でおこなわれたこともあり"「普選」から「婦選」へ"のスローガンを高く掲げて継続して取り組まれ，全国の女性を励まし続けた。

第三に，アジアに広がり民族独立運動に影響を与えた。米騒動対策で，政府はアジアの米を買ったので，韓国，中国，東南アジア各地に米騒動が拡大した。また，本実践でもふれたように，近代の福祉制度の萌芽は米騒動であるともいわれている。

【参考文献】
・成田龍一『大正デモクラシー』岩波新書，2007
・滋賀県中学校教育研究会社会科部会編『12歳から学ぶ滋賀県の歴史』サンライズ出版，2011
・郷土滑川のあゆみ編集委員会編「郷土　滑川のあゆみ　5訂版」滑川市教育委員会，2000
・日教組66次教育研究全国集会，社会科教育，毛利豊（滑川市立滑川中学校）報告，2017

30 "おみくじ"から女性参政権を（意外な"モノ教材"）

授業方法

近代
現代

　授業を活性化させる一つのキーワードに"意外性"がある。授業のねらいとリンクしたモノも有効だが，逆に"意外なモノ"も有効である。「女性参政権」と"おみくじ"という，一見関係なさそうなモノから時代の様相を考える。

1 "おみくじ"はどこで作られているのか

　発問（教室におみくじを持参する）これは神社で販売されているおみくじです。これは，どこで作っているのか？

　S：「販売している神社では……」「神社の総本山みたいなところ」
　T：「このおみくじの大部分を作っている会社が山口県にあります」

　Qクイズ　会社名は，○○道社です。○○に当てはまる漢字を考えなさい。

・山口　・正義　・九寺　・幸運　・名神
など，いっぱいでてくるが正解はない。

　答えは「女子」である。写真を見せ，次の説明をする。

　説明　JR山陽本線徳山駅から車で北へ約40分のところにこの会社があります。もとは，神社でした。全国の神社仏閣のおみくじの大半はここで作られています。作業はすべて手作業で，近隣の農村の主婦たちによって手折りで丁寧に仕上げていきます。繁忙期には60人から100人の人たちが交代で作業します。

> **Q クイズ** ベテランになると1日に何枚のおみくじを折るのだろう？
> 　1000枚　　3000枚　　5000枚

「T：「ベテランになると，5000～6000枚のおみくじを折るそうです」」

2　どうして「女子道社」というのか

> **Q クイズ** どうして「女子道社」というのか。次から選びなさい。
> 　ア　女子が大部分の仕事をしているから
> 　イ　女性の自立を主張していたから
> 　ウ　創業当時，女子の社長さんだったから

アとウに集中する。

A 答え イ

> **説明** 男尊女卑の強い時代に，先々代の二所山田神社の宮司宮本さんは，神道には本来女性をけがれとみなす思想はなかったことから，女性神主の登用を提言し，女性参政権をいち早く訴えました。そして，女性の自立を主張し，その一貫として，明治39年に機関紙『女子道』を発刊しました。その資金源として考えられたのがおみくじなのです。

　おみくじを導入に普通選挙の学習に入る，単なる導入ネタであるが，神社に行ったおりに"おみくじ"を買い，友人や親に"うんちく"を言ってくれれば大成功である。

第4章　「近代」「現代」ウソ・ホント？授業　117

31 習得 インド大反乱はなぜおこったか？（イギリスのインド支配）

1857年，インドでイギリスの植民地支配に対する大反乱がおこった。なぜ，こんな反乱がおこったのか？ インド人の立場から，感性的に"切実性"をもち考えさせたい。また，理性的に経済的な要因についても考えさせる。

1 イギリスのインド支配

下の写真（本書ではイラスト）を提示する。

> **発問** 1919年のインドの写真だ。何をしているのか？ 後ろにいる3人は？ 地面で寝ているような人は何をしているのか？

＊導入は，子どもの感性を揺さぶる衝撃的な写真や事実を提示する。

S：「どこの国ですか」
T：「インドだよ」
S：「ってことはイギリス人がインド人に何かさせている」
　　「これから処刑しようとしているのでは」
　　「腹ばいになって動こうとしているみたい」
T：「イギリス人が，何かをしたインド人に腹ばいになって這うように命じた写真です」

> **説明** イギリスがインドで制定した「ローラット法」(逮捕状がなくても逮捕ができ，裁判をしなくても投獄が可能となる)に対する反対集会に対して，無差別発砲がおこった(アムリットサル事件)。この事件によってインド人の死者は800人といわれる。この事件の過程で，民族運動家2人が逮捕されたことに民衆が激昂し，イギリス人女性が攻撃され，放置されるという事件がおこる(実際は死んでいない)。この事件後，彼女が襲われた現場を通るインド人に，通りの全長約140mの間を腹ばいになり，這うよう命じた。

> **発問** 1857年にセポイの乱がおこります。セポイというのは，イギリスに雇われていた傭兵です。この乱のきっかけは，イギリスが銃にある油を塗っていたことが原因だといわれています。何の油かな？

S:「牛」
T:「どうして，牛の油がダメなのか」
S:「ヒンズー教では牛は大切にされていた」
T:「そうだね，そんな宗教的なことも絡んで，大反乱が勃発しました」

2 インド大反乱の経済的理由

> **発問** インドの餓死者(がししゃ)が増えている。これは，左のグラフ(次ページ)と関係しています。この関係を説明しよう。

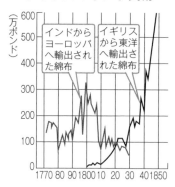

<イギリスのインド貿易>

<インドの餓死者>

1800〜24年	100万人
1825〜49年	40万人
1850〜74年	500万人
1875〜1900	1500万人

(山本達朗編『インド史』)

> S:「インドの綿製品が売れなくなって失業した」
> 「イギリスの安い綿製品が世界でも使われるようになり，インドでの綿製品の仕事がなくなった」
> T:「イギリスの綿製品はどうして安いの？」
> S:「産業革命で機械化され，大量生産されるから」
> T:「これによって，インドは製品を生産する国から原料を輸出する国になります。インドの手工業は壊滅状態になり，多くの職人が仕事を失い，餓死する人もいました。こうして，インドで大反乱がおこりました」

　臨場感と切実性をもち，歴史の場面に対面させる授業が大切である。他人事ではなく，我が事として「ひとこと言ってみたい」という場面設定をすることで，授業は活性化する。

【参考文献】

・『資料カラー歴史』浜島書店，2012
・木畑洋一『二〇世紀の歴史』岩波新書，2014

習得 32 国名がなかったアフリカ（アフリカの植民地支配）

教科書には,「帝国主義」については具体的な事例がなく,イメージがわかりにくい。ヨーロッパのアフリカ支配を中心に,帝国主義をイメージ深く理解する。

1 列強のアフリカ支配とタンザニアの歴史

1870年代からイギリス,フランス,ドイツなどヨーロッパ諸国により,アフリカの分割がおこなわれた。

Q クイズ 最終的に植民地にならなかったのは何か国か？

1か国から順に挙手させる。

A 答え 「リベリア」と「エチオピア」の2か国

> ★★ 考えよう　タンザニアの歴史
> ① 第一次世界大戦まではドイツの植民地で（　　　）さえなかった
> 　　　　　　　　　　　　ドイツ領（　　　　　　）
> ② 国境が,キリマンジャロ山付近で大きくケニア側に湾曲した線になっており,山麓部分も含めた山体すべてがタンザニア領となっているのはなぜか？
> 　ア　ドイツがイギリスと戦争をし,キリマンジャロ山を手に入れた
> 　イ　ドイツがイギリスと交渉し,ビクトリア湖と交換した
> 　ウ　イギリスがドイツの皇帝の誕生日祝いに贈った

T:「タンザニアは,何がなかったのだろう」
S:「お金」「家」「土地」「資源」など。いろいろ回答するが正解はない。

T:「実は，①は国名がなかったんだ。1900年前後，アフリカには国名のない国が多くあった」

次の国を板書する。

ドイツ領南西アフリカ（ナミビア）　　ドイツ領東アフリカ（タンザニア）
フランス領西アフリカ（マリ）　　など

②の正解は「ウ」で，キリマンジャロ山がアフリカ最高峰だと知ったドイツ皇帝ヴィルヘルム1世は，イギリスに国境線の変更を要求する。結局，その要求は受け入れられ，1885年のベルリン会議において，この地域はヴィルヘルム1世の誕生日のプレゼントとしてイギリスからドイツへと割譲された。

2　資料から考える植民地支配

Q クイズ 次のグラフは，1905年（工業生産は1900年）の列強の面積と工業生産の割合を示したものである。（　　）に当てはまる数字を選びなさい。

国名	本国（万 km²）	植民地（万 km²）	工業生産割合
イギリス	31	（　ア　）	18%
ロシア	2243	66	6
フランス	53	969	7
アメリカ	921	44	（　イ　）
ドイツ	54	（　ウ　）	16
日本	38	（　エ　）	1

ア　1006・2006・3006　　イ　21・31・41
ウ　66・166・266　　エ　7・17・27

A 答え　ア　3006　　イ　31　　ウ　266　　エ　7

イギリスが多くの植民地を持っていたこと，アメリカが，工業生産ではイギリスを抜き世界一であることを確認する。また，ドイツ，日本はいわゆる「持たざる国」であり，第一次世界大戦後，ドイツはさらに植民地を減らすことにもふれておく。

> ★ 考えよう　ドイツは，アフリカとの戦争において大量のアフリカ人を動員，戦闘要員，運搬要員として用いた。35万人以上が動員された。戦争による飢餓によって30万人以上が死亡したといわれている。このように，アフリカ植民地では，残虐なことや人権無視の政策がかなりおこなわれていた。次の（　　）に当てはまる言葉を入れよう。

＜1905年ごろ　ベルギー領コンゴ＞

　ゴムが重要な産品であったが，野生ゴムを収集するに際し，命令に従わない住民を射殺し，射殺の証拠として死者の（　①　）を提出するよう黒人住民からなる公安軍に命じていた。なかには，銃を用いることなく住民を殺害し，その手首を提出する者もいた。

＜1914年から16年　ドイツ領東アフリカ（タンザニア）＞

　この戦争では南アフリカ軍も戦闘にかかわり，イギリスだけでなく，隣接地に植民地をもつベルギー，ポルトガルも加わる大戦争になる。イギリス兵士の言葉「西部戦線では紳士のように生きて人間らしく死んでいく。こちらでは，（　②　）のように生きて，（　③　）のように死んでいく」

A 答え ①手首　②豚　③犬

　植民地に対して，宗主国は，資源や市場を求めるだけではなく，人権抑圧，戦争協力などを強制したことにもふれたい。そして，冒頭の「帝国主義」の定義を確認する。「帝国主義」を具体的にイメージできる授業が大切だ。

【参考文献】
・木畑洋一『二〇世紀の歴史』岩波新書，2014

33 なぜヒトラーは支持されたのか？（ナチスの経済政策）

活用

ユダヤ人虐殺，他国への侵略から第二次世界大戦をはじめ，世界を震撼させたヒトラー。しかし，ヒトラーはドイツ国民に支持され誕生した。なぜドイツ人はヒトラーの独裁政治を支持し，戦争への道を歩んでしまったのか？

1 負の遺産

発問 世界には「負の遺産」といわれる遺産が十数か所ある。日本の原爆ドームもそうだが，ヨーロッパにも負の遺産がある。何か？

S：「ヒトラーの戦争遺跡」「ユダヤ人が虐殺された場所」
T：「ポーランドのアウシュビッツで，第二次世界大戦中にナチスドイツが建設し100万人以上が虐殺された場所で，ガス室や焼却場などが残っている」

毒ガス室でのユダヤ人虐殺の様子を紹介する。金歯や髪の毛は室に入る前にとられ，カットされることを話す。

> （略）「それ，急げ！」で，子どもを先頭に，女，男の順に「大浴室」へ追い立てました。やがて，ディーゼル・エンジンの始動する音が響きはじめ，立錐の余地なく立ちつくした人々の頭上に，チクロンBの猛毒ガスが放出され，とたんに鉄扉に体当たりする無数の肉体の鈍い衝撃音と，絶叫とが。……
> 「せめて，この子だけでも生かしてやって！」もちろん鉄扉はビクともせず，ガス室内が完全な沈黙に変わるまで，二度とふたたび開くことはありませんでした。　（早乙女勝元『アウシュビッツと私』草土文化，1980）

2　君はヒトラーを支持するか？

> **発問**　その後、ヒトラーはポーランドに侵攻し第二次世界大戦がはじまります。このヒトラーを、君は支持しますか？

　数名以外は支持しない。
<支持派>第一次世界大戦で賠償金などをとられ、侵略でもしないとやっていけない
<不支持>ユダヤ人を虐殺し、戦争するなんてとんでもない
　当時のドイツの様子を紹介する。

> 　経済基礎が弱かったドイツはたちまち大混乱し、国内第2位のダナート銀行が倒産するなど深刻な金融危機を招き、やがて、大不況に突入した。国民総生産は35％も減少し、失業者が激増、1932年には約560万人を数えた。実に労働者の（　　）人に1人が失業していたのである。

　（　　）に当てはまる数字を問う。答えは「3」人である。

3　ヒトラーの政策

> **○×クイズ**　次の①から⑩のなかで、ヒトラーのおこなった政策はどれか？　正しいものに○、間違いには×を付けなさい。

① 公共事業として高速道路「アウトバーン」をつくった
② 妻や子どもがいる中高年の雇用を優先した
③ 労働者として女性を多く登用した
④ 中小企業や小規模農家を救う一貫として、小売店の新たな出店、大規模の出店の制限
⑤ 少子化対策のため、結婚資金を貸し付ける制度

⑥ 1936年，ベルリンオリンピックでははじめての聖火リレー，テレビ中継，記録映画をつくる
⑦ オリンピックで外国人客へは60％の割引，障害者は無料券
⑧ 労働者でも購入できる乗用車「フォルクス・ワーゲン」を開発

×を多く付ける生徒が大多数。

 A 解　説
① ○　戦争中も工事がおこなわれ，終戦時までには4千km（現在でも日本は6千km），費用は国債を発行し16億マルクを調達。車3台が並んで走れる広い車線。居眠り防止の適度なカーブ，展望台，故障の対応のための電話も設置した。
② ○　一家の大黒柱を雇用すれば，とりあえずその一家は飢えずにすむ。
③ ×　男性が多く失業していたので，女性は家庭に返す政策がとられた。
④ ○　中小企業への融資もおこなった。
⑤ ○　1千マルク（労働者の半年分）を支給。子どもを1人生むと，返済金は4分の1が免除，4人産めば全額免除。受給者は，1932年で51万件，33年63万件，34年73万件。
⑥ ○　聖火リレーは，このオリンピックが起源である。ドイツ人はお祭りの時にたいまつを使う。それがヒントになる。テレビホールには，のべ16万人のドイツ市民が集まった。
⑦ ×　障害者への無料券はなし。
⑧ ○　労働者は，海外旅行，観劇，コンサート，テニス，スキーを楽しむ。「フォルクス・ワーゲン」とは「大衆車」という意味。

 ★考えよう　なぜ以上のような公共事業ができたのか？

S:「ドイツが多額の賠償金でたいへんなことになっていたので，おまかせ状態だった」「誰でもいい。なんとかしてくれって思っていたから」
T:「地域の選挙民の機嫌をとらなくていい独裁体制だったので自由に政策ができたことと，国民も困窮から抜け出したかったからです」
S:「こうしてヒトラーは支持されたわけだ」
T:「なんか今の日本（2015年）のようだね（笑）。オリンピックといい，アベノミクスによる経済政策も（笑）。まあ，安倍さんをヒトラーと一緒にしてはいけないね」

4　なぜユダヤ人を迫害・虐殺したのか？

★**考えよう**　ユダヤ人の迫害や虐殺！　なぜこんなことをしたのか？

T:「ユダヤ人はどこに住んでいたのか？」
S:「世界各地」
T:「浮遊民族でユダヤ人としてまとまって住んでいなかった」
S:「放浪していたんだ」
T:「仕事は？」
S:「定住できないので金貸しをしていた人が多かった」「高い利子をつけて反発をかっていた」
T:「そのとおり！　金融業（金貸し）や，政治家，大学教授，百貨店を営んで生計を立てており，ドイツ人は高い利子で苦しんでいた」
S:「人口は？」
T:「ユダヤ人口は全体の1％で，収入はドイツ人の3～4倍はあった」
S:「大金持ちだったんだ」「だから殺されたのかな？」
T:「金持ちのユダヤ人は逃亡したが，残ったユダヤ人が迫害の犠牲者になった」

5 なぜ第二次世界大戦をはじめたのか？

ヨーロッパの第一次世界大戦後の地図を示す。

> **Q クイズ** ドイツは第一次世界大戦によってどうなったか？
> ① 植民地は（　　　　　　　　　　　）
> ② 人口の（10　20　30）％を失う
> ③ 領土の13.5％を失う。この面積は，日本の（九州　四国　北海道）の面積とほぼ同じである。
> ④ 農耕地の13.5％，鉄鉱石の鉱床の（55　65　75）％を失う。

A 答え ①すべて失う　②10％
③九州（九州の面積は約4万5千km^2。ドイツの面積は日本とほぼ同じ）
④75％（ドイツ鉄鋼生産量は戦前の37.5％に落ち込んだ）

> T：「こんな状況のなかで，ヒトラーは植民地の侵略ではなく奪回と主張し，1938年3月，オーストリア併合，39年チェコスロバキアを自国に編入，ポーランドと矢継ぎ早に侵略し，第二次世界大戦となる。労働者や知識人も，侵略ではなく奪回と考えていたようだ」

　民衆の不満や要求を見事に射止め，経済政策で支持を得，ユダヤ人に対する不満意識をうまく利用し，"侵略ではなく奪回"というスローガンのもと，戦争への道を突っ走ったドイツから，反面教師として何を学ぶべきか考えさせたい。

【参考文献】
・武田知弘『ヒトラーの経済政策』祥伝社，2009

習得

34 地域の戦没者の墓から戦争を考える（アジア太平洋戦争）

校区の戦没者のお墓調べを行う。アジア太平洋戦争で，地域から徴兵され戦死された方の「戦死場所」「年代」「年齢」の調査である。調査を通じて，アジア太平洋戦争の流れを学習する。一つ一つの"消えかかった"墓碑を見ると涙がでてきた。墓碑には"1945年レイテ島戦死21歳"としか書かれていなかった。だが，この数文字から，戦争の悲惨さと残忍さが伝わってきた。戦争の"被害""加害"の両面を知ることができ，他人事ではなく，自分のこととして戦争を考える教材である。

1 戦没者調べの地図から

校区には墓が3か所ある。そのなかから戦没者の墓調べをおこなう。戦没者の墓は頂点が三角錐になっていて，分担して調べていく。調べる内容は，「戦死した場所」「戦死年代」「年齢」の3つである。それを，模造紙4枚の大きさにまとめる。次ページの地図が，それを簡単にまとめたものである（実物とは異なる）。

> **グループ 討議** 図は，校区の墓での戦没者調べのまとめの地図です。地図を見て気づいたことや疑問を書きなさい。

・年齢や戦死場所の不明な人が100名近くいる
・戦争が終わった1946年に戦死した人がいる
・20歳から24歳の若者が多く死んでいる
・アメリカとの戦争なのに太平洋で戦死しているのがわからない

・中国で1942年以降に多くの人が戦死しているのはなぜか
・東南アジアでも多くの戦死者がいる
・とにかく広い範囲で戦われた戦争だ

<戦没者地図>

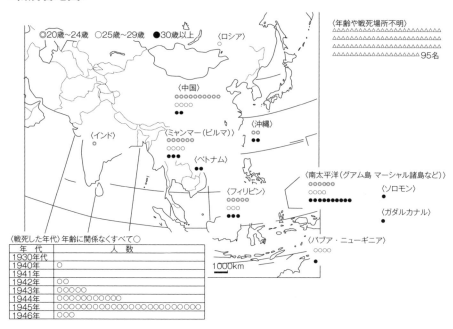

2 なぜ東南アジアで多くの戦死者が？

　日本は，1931年満州事変，1937年日中戦争と中国との戦争をしていたが，抗日統一戦線などによる抵抗で，戦争が硬直状態であったことを確認する。

> **発問** 東南アジアで多くの人が戦死しています。1941年12月8日，真珠湾攻撃により太平洋戦争がはじまりますが，同じ日に，日本はマレー半島に進出しています。どうして東南アジアに行く必要があったのか？

S：「東南アジアには戦争に必要な資源がいっぱいあるから」
T：「例えば」
S：「石油」「ゴム」「鉄」「ボーキサイト」
T：「ゴムって？　何に使うの？」
S：「パチンと当てる」（笑）「兵隊の靴」「戦車の車輪」
T：「石油はほとんどアメリカから輸入していたため，アメリカとの戦争になれば輸入できなくなるから，手に入れないといけないね」
　　「東南アジアはどこの国が支配していたのかな」
S：「イギリス」「アメリカ」
T：「フランスやオランダも支配していました」
S：「ってことはこれらの国との戦争になるってことだ」
T：「石油などの資源確保のために東南アジアに進出していきますが，他にも理由がありました」
S：「……」
T：「それは中国との戦争に勝つためです」
S：「勝つためには石油がいる」
T：「欧米は中国へ資源や物資の支援をしていましたから，そのルートを遮断するためにも軍隊を派遣しています」

3 なぜ，南太平洋で多くの戦死者が？

次の年表を提示する。

1942年6月5日	ミッドウェー海戦
8月2日	ガダルカナル島上陸
8月8日	ソロモン海戦
1943年4月18日	山本五十六戦死
5月29日	アッツ島の日本軍守備隊玉砕

```
1944年6月19日    マリアナ沖海戦
     7月7日      サイパン島の日本軍玉砕
     10月20日    連合軍レイテ島上陸
     10月25日    神風特攻隊出撃
     11月24日    マリアナ基地のB29が東京初空襲
```

◆発問◆ 地図や年表で見るように，日本は南太平洋で戦争をし，多くの人が戦死しています。アメリカ，イギリス，そしてオランダとの戦争なのに，なぜ南太平洋で戦争がおこなわれたのだろうか？

S:「島には多くの資源があるから」「どこにもそんなのないのでは」
T:「確かにたいした資源はないです」
S:「フルーツなどの食糧がある」（笑）

◆発問◆ ミッドウェー島（地図で確認）は，ハワイの北西1900kmの位置に浮かぶサンゴ礁でできた2つの小島である。水も食糧も満足にないが，立派なものがあった。何？

S:「避難できるところ」「戦争に使える小高い山」「港」「滑走路」
T:「ここには立派な飛行場がありました。ここを占領すると，どんな有利なことがあるかな」
S:「日本やハワイに近い」「日本への空襲に便利」
T:「日本やハワイにも近く，軍事的には有利な場所だったわけだ。また，ここを占領し，アメリカを誘いだし，それによって撃墜しようという作戦だった」

この海戦で日本は敗北することを確認する。
　当時のアメリカの拠点であった「サモア」「フィジー」「ニューカレドニア」「ニューギニア」を探す。

> **説明** ここがアメリカの基地がある拠点地域でした。そこで，日本軍が航空基地をつくろうとしたのがガダルカナル島でした。ここでも校区でお一人がなくなっています。

　ガダルカナル島に南進基地をつくり，アメリカとオーストラリアの交通を遮断してしまおうという作戦だった。日本軍は合わせて3000人が上陸し飛行場をつくった。その後，米軍が1万9000人が上陸。対岸のツラギ島にも約8000人が上陸。この島では壮絶な玉砕戦になり，日本軍はほぼ全滅した。ガタルカナル島では，日本軍はたいした武器もなく，大部分はジャングルで隠れることになる。しかし，最終的には日本軍が全滅する（ガダルカナルの戦死者の写真を見せる）。

> **まとめ** 太平洋の島々をめぐるアメリカと日本の戦争のねらいは何か？

S：「アメリカは基地をつくり，日本本土攻撃の拠点にする」「日本は，攻撃の拠点をつくらせない」「オーストラリアからの資源や食糧を遮断する」「基地をつくりアメリカをおびき出し，攻撃する」
T：「だから，校区からも兵隊さんが東南アジアや南太平洋にも徴兵され，多くの方が戦死しています。これだけ多くの兵士が被害に会い，この地域にも侵略していったということです」

　地域から戦争を「被害」「加害」の視点からとらえ，「なぜ，そこで戦死者が多いのか」という疑問から，戦争のしくみに迫る教材である。

【参考文献】
・雑誌『時空旅人　太平洋戦争全史』プラネットライツ（2014年7月）
・歴史群像編集部編『まるごとわかる！太平洋戦争』学研パブリッシング，2014
・田原総一朗『私が伝えたい日本現代史1934－1960』ポプラ新書，2014

授業方法 35 日米戦争は避けられなかったか？（10段階評価）

アメリカとの戦争はどうして避けられなかったのか？ アメリカの圧倒的軍事力，日本の資源のない現実，どう考えても勝ち目のない戦争への道を，なぜ日本は選択したのか？ 当時の多様な人々の発言をもとに戦争責任を問う。

> **グループ 討議** アメリカとの戦争は回避できなかった。それは誰の責任だろう。当時の情勢下での言葉を参考に考えよう。
> ＜天皇＞＜軍部＞＜政府＞＜国民＞＜マスコミ＞の責任度を，もっとも重ければ「10」，ほとんど責任がなければ「0」として点数を付けよう！

【情勢】
7月25日に日本が南部仏印への進駐を発表→アメリカ「対日資産凍結令」→7月28日オランダが対日石油輸出禁止→8月1日アメリカが対日石油輸出禁止

◆1941年7月31日　永野修身軍令部総長と天皇の会話

> 永野修身（軍部）：「この際対米戦にうってでるべきだ！　このままでは石油は1年半しかもたない。国交調整が不可能となった以上，戦争の時期が遅れれば遅れるほど，だんだんと貧困になることは間違いない」
> 天皇：「捨て鉢の戦争をするとのことで誠に危険だ」
> 近衛文麿（政府）：「中国からの全勢力の撤退を考えている。たとえ陸軍がどんなに反対しても，直接，天皇の裁可を求め，ただちに調印する」

◆1941年10月12日　　私邸での会話

> 豊田貞次郎（政府外相）：「中国の駐兵問題で，日本側が譲歩すれば（中国から撤退すると言えば）まだ，日米交渉の妥協の余地はある」

東条英樹（陸軍のちの内閣総理大臣）：「中国の駐兵は陸軍の生命線であって，絶対に譲れない。日本は日中戦争ですでに数十万人の戦死者をだし，その数倍の遺族をだしているうえに数百億円の国費を費やした。……アメリカの法外な要求の言いなりになって中国から全面撤退すれば，満州国を手放すことになるし，朝鮮統治も危なくなる……明治時代のような弱小国の日本に戻ってしまう」

近衛文麿（政府）：「率直に言って，戦争に勝つ自信はない。もし戦争をするなら自信がある人がおやりなさい」

東条英樹：「日本人がはかりしれないほどの血と命でつくりあげた東アジアの新秩序を壊して，もとの日本に戻すことは絶対に許さない」

◆1941年12月1日　御前会議

戦争回避論者の天皇が戦争突入を決意。

木戸幸一（政府）：「（戦争をしなければ）内乱になっただろうね。それでおそらく秩父宮あたりを担ぐ分子ができて，皇室の一大危機になったろうな」

天皇：「私が開戦の決定に対して反対したとしよう。国内は必ず大内乱となり，私の信頼する周囲の者は殺され，私の生命も保証できない。それはよいとしても結局，狂暴な戦争が展開され，今次の戦争に数倍する悲惨事がおこなわれ，……日本は亡びることになっただろうと思う」

東条英樹：「これ以上譲歩したら，軍部はもちろん国民も承知しない。だからできないのだ」

◆国民から東条への手紙

「米英撃撃」「鬼畜米英を倒せ」「何をぐずぐずしている」「弱虫東条」「いくじなしはやめろ」

＜天皇＞

10－最終決定をした責任は重い

7－戦争を回避したいというのは伝わるが，決定権もあるし責任は重い

＜軍部＞
10－言い訳しているが，満州事変からずっと戦争を推し進めている
9－2・26事件をはじめ，みんなを恐怖に陥れた
7－東条英樹の発言は戦争以外ないという考えだが，海軍はなんとか回避しようと努力している

＜政府＞
10－発言では，なんとか戦争をやめようとしているが，戦争への道を進めてきたのは政府だ
8－戦争をやめたいという気持ちが伝わってくるが，はっきり言えていない
4－戦争をしたくないと言えば，軍部にいのちを奪われかねないので気の毒

＜国民＞
10－国民も騙されていたとはいえ，戦争を推進しようとしていた。東条への手紙も問題
8－マスコミや政府によって踊らされていたけど，国民の意見や動きによって戦争決定を決めた
4－戦争をしたくないと言えば，軍部などから批判を受け処刑される

＜マスコミ＞
10－ありもしない事実をつくり，戦争を推進した
9－世論を誘導した責任は重い

　日本は軍国主義へと一気に突っ走り，戦い，そして敗北したのではない。天皇，政府，軍部も，外交や会議のなかで悩みながら決断をした。また，被害だけではない民衆の加担についてもふれたい。ここでは，それを「言葉」から考え，苦悩しながら戦争への道へと走った現実にもふれながら，戦争責任を検証する。

【参考文献】
・田原総一朗『私が伝えたい日本現代史1934－1960』ポプラ新書，2014

授業方法

36 いつだったら戦争を回避できたか？（ダイヤモンドランキング）

アジア太平洋戦争で日本は連合国との戦争に敗れ，戦地だけでなく，空襲や，沖縄における地上戦，原爆により多くの命を亡くし，経済も疲弊した。このような事態を回避する可能性はあったのか？ あるとすれば，日本近代史のどの時点なのか？ このことを考えることから，戦争をなくす方法と，近代日本を総括する。

1 定期テスト問題とその回答

定期テストで，「アジア太平洋戦争を回避する可能性はあったのか？ あるとすれば，日本近代史のどの時点なのか？ あなたの考えを書きなさい」という問題を事前通告で出題した。以下はその回答例である。

① この戦争はしかたなかった

大東亜戦争の時，アメリカなどに対抗する力をもっていたのはアジアでは日本だけだと思う。負けるとわかっていたが，アメリカやイギリスと戦争をした結果，アジアは解放されました。だから，この戦争はしかたなかったと思う。

② 富国強兵が間違い

富国強兵の「強兵」が間違い。経済中心の国づくりを明治にすべきだった。それでも欧米に認められて不平等条約の改正はできた。今話題になっている朝鮮や中国との悪い歴史上の関係もなかった。

③ ドイツの考え方を取り入れたのが間違い

岩倉具視の欧米視察で，ドイツの考え方を取り入れたからだ。当時のスイスやベルギーの，小国ながら産業を活発にしようとしている国を見本にすれば平和な国づくりができたと思う。

④　日露戦争で気づくべき

　日露戦争は勝てたけど，多くの死傷者をだし，戦後は増税して国民の生活は苦しかった。そんな状況を見て，戦争は百害あって一利なしと気づく人はいなかったのか！

⑤　第一次世界大戦でやめるべきだった

　この戦争で日本はいい目をしすぎました。とくに，ひどい要求をだした中国への21か条です。このようにいい目をするから何回も戦争するのだと思います。日英同盟を組んでいたから参戦しましたが，結局は自分たちの利益のためです。

⑥　恐慌に対する対処の間違いが戦争につながった

　日本が世界恐慌の影響を受けて満州に手をだしたのが誤りだと思う。アメリカのように公共事業をおこして恐慌を乗りきっていたら，それに続く満州事変や太平洋戦争はおこっていなかったのではないかと思う。

⑦　満州への侵略が他国の怒りをかった

　満州国は他の国も認めていないので対立も多くなった。満州は戦争の位置的にも重要な地点で日本は欲しかったが，それはまわりの国も同じ。ここで満州は放棄すべきだった。

⑧　軍部の台頭をおさえるべきだった

　1932年5月15日の政党政治がとだえた時期に気づくべきだったと思う。軍人が内閣を組織することがなければ，その後の軍部の台頭，軍国主義思想を強めることからの本格的な戦争にはならなかった。特に2・26事件での甘い判決が国民にとっての不幸なことであり，とても残念です。

⑨　国際連盟の脱退が間違い

　日本はこの時韓国を植民地にし，満州でもそれなりの権益をもっていました。でしゃばったり欲張ったりしなければ，「支配する側」と認識されていた日

本は，他国から植民地の標的にならないでそれなりの地位を保てました。何より，「世界平和を守る」ことを意義とする国際連盟をないがしろにするのは，自分勝手と他国から目をつけられてもしかたないことです。

⑩　中国が抵抗している時にあきらめるべき

1937年7月に日中戦争がはじまりました。女性や子どもが殺されるなどの南京大虐殺がありました。中国では抗日民族統一戦線をつくり日本に抵抗し，アメリカ・フランス・イギリスは中国の味方でした。この中国が根強い抵抗を続けた時に，勝利の展望はないと気づくべきだった。

⑪　日独伊三国同盟を結んだのが間違い

もともと軍国主義だった日本にとってこの同盟を結ぶのが当然かもしれないが，この同盟によっていっそう戦争が多くなり，ファシズム化がいっそう加速した。せめてこの同盟がなかったら，その後の多くあった戦争は少しは減っていたかもしれない。

⑫　東南アジア侵略が間違い

日中戦争で資源が不足し，石油やゴムがなくなった時に国民生活は苦しくなったのだから，戦線ではもっと苦しかったはずだ。その資源を求めて東南アジアへ行けば，イギリス・アメリカなどと対立するのは目に見えている。

⑬　アメリカの石油輸出禁止に従うべきだった

日中戦争が膠着状態になりアメリカが石油輸出禁止をした時にあきらめていれば，アメリカとの戦争もなく原爆もなかった。

⑭　ハルノートを受け入れるべきだった

ハルの通告を受け入れればよかったと思う。その内容は「中国・満州からの撤退」「三国同盟破棄」という日本にとっては難しい要求ではあるが，それを受け入れていればアメリカとの戦争は回避できたと思う。そのことによって，欧米と平和維持ができる時代に変わったと思います。

⑮ **真珠湾攻撃はすべきではなかった**

　これは奇襲攻撃で，今でいえばテロです。アメリカが怒って報復しても当然です。日本は大東亜共栄圏という名のもとに東南アジアを占領し，激しい支配をすすめた。このことはすべて日本の責任であり，原爆の惨禍も，もとはといえば日本の侵略行為がもたらしたものだ。

＊20類型の意見がでたが，本書では省略して提示した。「1920年代の国際協調の時代」も回避できるチャンスだったと考えるが，意見はなかった。

2　回避策をダイヤモンドランキングしよう

> **ダイヤモンド💎ランキング**　4人グループになり，回避策としてもっとも有効な内容を1つ，まあまあ有効な内容を2つ，あまり有効でない内容を2つ，有効でない内容を1つ選びなさい。

　有効と考えるのは②③⑩⑪⑫⑬に集中した。つまり，「大日本主義」ではなく「小国主義」を選択すべきであるという明治初期の政策に"ぼたんのかけ違い"があり，そこからは一気に帝国主義への道を歩んでいく以外にないという意見である。また，日中戦争での膠着状態のおりに満州だけは確保できているのだから，回避すればよかったという意見や，国際連盟や日独伊三国軍事同盟は孤立を生み，ひけなくなったとするものである。

　有効でないとする意見は，②③④⑤⑧が多かった。つまり，明治初期は，世界の趨勢として植民地をもつのを是とする時代にあって，ここで回避するのは無理があるとの意見である。また，軍部の台頭をおさえることは，死を覚悟しなければならないから難しいとの意見があった。また①については，戦争を賛美しているとして批判意見が多くでた。

Aグループの話し合い

「①は，回避策になってない。アジア解放とか言ってるけど，日本はアジアをアメリカやヨーロッパから解放しようとして戦争したわけではな

「い」
「でも結果的にはヨーロッパの国々を東南アジアから追い出したけど」
「日本も東南アジアに侵略してるよ」
「①は回避策ではない」
「どの意見も説得力がある」「あえて言うなら⑫かな」
「なぜ東南アジアに侵略したんだっけ？」
「石油やゴムなどの資源があるからでは」
「でも東南アジアはいろんな国が支配しているから，戦争になる」
「ここで中国との戦争をやめればよかったんだ」
「でも軍部は許さないやろ」
「ってことは，⑧のように，軍部を弱めておくことが必要だったかな」
「それは無理！　だって，このころはイケイケだったし，批判したら殺される」
「軍部もさすがに，アメリカとの戦争はヤバイって思ってたのではないかな」
「ってことは⑫と⑬あたりがいいかな」
「⑭のハルノートでは，かなり厳しい要求だから，妥協できない」
「⑦の満州国は，他の国もまあしようがないかと思ってくれてたのでは」
「でも調査団が行って，鉄道の爆破を日本がやったものだから，満州国は認められないと言ってなかったかな」
「正しい指摘をされているのに国際連盟の脱退もダメやろ」（以下略）

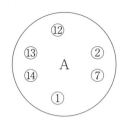

　まとめは，それぞれのグループのもっとも有効なものと，もっとも有効でないものをあげ，その理由を発表する方法でおこなった。もちろん，正解はなく，オープンエンドで終えた。本手法とテーマは，アクティブ・ラーニングの典型であり，日本近代史を大観する方法としても有効である。

37 習得 東京オリンピックから国際情勢を（戦後外交）

近代 / 現代

東京オリンピックが開催された1964年前後は，米ソ冷戦中である。1960年には東ドイツが東西ベルリンの境界に鉄条網を敷設した。朝鮮半島は38度付近で南北朝鮮が対峙したままであったし，ベトナムでは内戦が激化し，64年にはアメリカ軍が大規模な派兵を開始していた。また，アフリカ諸国の大半が独立を達成したのは1960年以降で，オリンピックに参加できる状態ではなかった。東京オリンピックを通じて，当時の国際情勢を学習する。

1 聖火の通った国と通らなかった国

書く 1964年東京オリンピックの聖火が通ったアジアの国々を言いますので，白地図にその場所を記入しなさい。

「ビルマ」「タイ」「マレーシア」「フィリピン」「香港」「台湾」「沖縄」「東京」と順に言いながら記入させていく。

考えよう これらの国々に共通していることは何ですか？

・同じアジアの仲間　・黄色人種　・まだまだ遅れていた国
と，日本との共通項に意見が続く。

考えよう どうしてこの国を通らないの，と思う国はありますか？

・ロシア（ソ連）　・中国　・韓国　・ベトナム

T：「聖火が通った国では，第二次世界大戦において，日本が侵略した国も多くありました。これらの国々に，平和国家日本をアピールす

るために聖火の経路としました。1953年にフィリピンのマニラで
　　開催された第2回アジア大会では，参加した日本人に対して，日本
　　語で『バカヤロー』『カエレ』などと罵声をあびせかけられ，フィ
　　リピン兵士の護衛のもとで移動していました。でも，この聖火リレ
　　ーは歓迎のもとに進められました」
　　「どうしてロシアは通らなかったのか」
S：「仲が悪かったから」
T：「アメリカなどの資本主義国とソ連などの社会主義国が対立してい
　　た時代を何といいましたか？」
S：「冷戦」「だから中国も通っていない」
T：「ベトナムは？」
S：「ベトナム戦争中だった」
T：「ベトナムが南北に分かれ，ソ連とアメリカの代理戦争をしていた
　　ね」

＊当初は，ギリシャで採火した聖火を，シルクロードをリレーして東京に届
　けようという案があったが，中国などの通過が困難なので実現しなかった。

日本が侵略した国々のなかで，抜けている国があります。
どこの国ですか？

・北朝鮮　　・韓国　　・中国　　・ベトナム

T：「これらの国々とはまだ戦争のしこりも残っており，国交が回復で
　　きていませんでしたから，聖火の経路どころかオリンピックにも参
　　加していませんでした」
　　「またほとんど参加できなかった大陸があります。どこですか」
S：「アフリカ大陸」
T：「94か国が参加しましたが，アフリカは1960年が"独立の年"と
　　いわれ，64年のオリンピックに参加できる状況にはありませんで
　　した」

第4章　「近代」「現代」ウソ・ホント？授業　143

> **発問** これらの国々とは，オリンピック後に国交が回復されます。それはいつなのか，教科書で確認しよう。

1965年　日韓基本条約
1972年　日中共同声明，1978年日中平和友好条約
　北朝鮮とはいまだに国交は回復されていない。

2　沖縄と聖火

> **発問** 沖縄も当時はアメリカが占領していました。聖火ランナーは沖縄も通っていますが，アメリカが許さなかったことがあります。でも，日本がアメリカに要求し，その時だけ実現したことがあります。それは何でしょう？

S：「右側通行」「日の丸をつける」
T：「日の丸をつけることを許されなかったのですが，アメリカに要求し，沖縄の人も聖火ランナーになりました。沖縄はいつ日本に返還されましたか？」
S：「1972年5月と教科書に書いてある」

3　東京オリンピック

> **Qクイズ** 特筆すべきは，分裂していた東西ドイツの統一参加です。入場行進や表彰式の旗や音楽はどうしたのか？

①旗
ア　別々の旗　　イ　西ドイツの旗　　ウ　オリンピックだけの旗
②音楽
ア　それぞれの国の国歌を交互に　　イ　西ドイツ国歌
ウ　ドイツの有名な曲（歌）

A 答え

①旗：現在のドイツと同じ黒赤金の３色の国旗に，中央に五輪マークをあしらったもの

②音楽：ベートーベンの「第九交響曲」

＊しかし，中国が大会期間中の1964年10月16日に，初の核実験をおこなっていることにもふれる。

　1964年東京オリンピックから，冷戦下の世界と，当時の日本の国際関係が垣間見える。また余談になるが，1959年渋滞緩和のため，歩道橋がわずか１年間で30か所設置されている。若者急増で都心人口の増加が背景にある。高齢社会で開催される2020年東京オリンピックでは，何が設置されるのか，考えさせても面白い。オリンピックは時代を反映する。

【参考文献】

・竹内正浩『地図で読み解く東京五輪』KK ベストセラーズ，2014

38 授業方法 チキンラーメンはなぜヒットしたか？（時代がわかる"モノ教材"）

　1958年，世界初の即席めん「チキンラーメン」が安藤百福によって発明された。発売後の1964年オリンピックの年には，国内生産量は20億食を超えた。即席ラーメンは，2011年現在，国内生産量は約50億食，1人あたり消費量は，40食を超えている。「なぜチキンラーメンは大ヒットしたのか？」このことから，高度経済成長期を学習する。

1　どうして即席ラーメンを思いついたか？

　教室に「チキンラーメン」を持参。「食べたことがある人は？」と問う。ほぼ全員が挙手。なかには，ほぼ毎日食べている生徒も。

> T：「チキンラーメンを発明した人は？」
> S：「……」
> T：「安藤百福さんです。大阪府池田市の人で日清食品の創業者です。1958年にチキンラーメンを発明しました」

> **発問**　安藤さんは，戦後すぐに，ラーメンを食べる人の行列を見て，家庭で簡単に食べられたらと思ったのだそうです。どんな場所でこの光景を見たのだろうか。

> S：「GHQからの配給」「焼け跡での配給」
> T：「戦後の食糧難の闇市で，ラーメン屋台に並ぶ人々の姿を見て発明を思いついたのです」

146

2 なぜ大ヒットしたのか

> **グループ 討議** 1964年のオリンピックの年には，国内生産量は20億食を超えます。なぜこんなに売れたのか，次のヒントを参考に考えなさい。
> 1957年　中内功がダイエーを創業した
> 1959年　テレビ放送がはじまる
> 1960年　池田勇人首相による「所得倍増計画」
> 　　　　森永製菓「インスタントコーヒー」を販売

＜あるグループの例＞
「ラーメンを食べた後でコーヒーかな」（笑）「テレビで宣伝した」
「これはあるな」「ダイエーができたからそこでラーメンを販売した」
「スーパーで販売すると確かによく売れるな」「所得倍増ってわからない」
「国民の所得が増えたからラーメンも買えるようになったってことかな」

＊時代も味方した。スーパーの集客の目玉は「卵」と「チキンラーメン」だった。安藤は，テレビが流行すると読み，クイズ番組などのスポンサーになった。60年には池田勇人が「所得倍増計画」をうちだし，国民は生活を楽しむために，時間節約型商品に価値を見い出した。インスタントコーヒーも同年に発売された。

即席ラーメンは，受験勉強や長時間労働の夜食として，高度成長をささえた人々の「戦陣食」となった。「即席ラーメン」から，高度経済成長期の文化と経済そして政治を垣間見ることが可能である。こんな"モノ教材"がいい。

【参考文献】
・日本経済新聞社編『日本経済を変えた戦後67の転機』日本経済新聞出版社，2014

39 日本の危機度を考える（10段階で評価）

方法 / 近代・現代

「時代の大観」が歴史学習のキーワードとなっている。いろんな歴史的事項，人物，語句は覚えているが，その脈絡や意味が理解できていない。歴史では，国内外でさまざまな危機的状況があったが，その危機度を検討することから歴史を大観する。

1 対外的な事例

日本の歴史上，対外的な最大の危機は太平洋戦争だろう。この危機度を10とします。次の事項の危機度はいくらだろう？

- 663年　唐・新羅の連合軍に敗れた（白村江の戦い）
- 1274年　元が日本に攻めてきた（元寇）
- 1853年　ペリー来航
- 1904年　日露戦争
- 2013年　尖閣をめぐる中国との領土問題

グループ討議 白村江の危機度をグループで評価しよう。

5－確かに日本が外国との戦争に負けるという大変な事件だけど，それから攻めてきていないから

7－日本が負けたということと，その後，兵隊をつくったり城をつくったりしたから

9－日本が大きい戦いに負けたのも最初だし，戸籍をつくり軍隊がつくられ，大津の都に移転したというのも大きい

「ペリー来航」を「10」に評価するグループが多い。理由は「日本の植民

地化」の危機であることや「その後の幕末動乱で江戸幕府が倒れた」ことである。「元寇」は「5以下」,「日露戦争」も「5前後」という危機度である。

2 対内的な事例

> **グループ 討議** 対内事件の次の事例はどうでしょうか？
> ・壬申の乱　・南北朝の内乱　・応仁の乱　・戊申戦争

＜壬申の乱の事例＞
「大海人皇子が甥に勝ったって乱だったかな」
「勝って天武天皇になったんだね」
「ってことは，こんな争いってけっこうあったのでは」「2くらいかな」「授業で単なる叔父と甥の争いじゃないって先生言ってなかったっけ」
「その後大宝律令が制定されて，全国の土地と人民が国のものになったとか」
「まあ5くらいかな」
「その後日本って国ができたって聞いてない？」
「ってことは6か？」「どんどん上がっていくな」「6ということで」

　それぞれグループごとに，「危機度」と「その理由」をプレゼンする。
　教師からも，解説を加える。

> T：「壬申の乱は，全国の豪族が大友方，大海人方に分かれて争った内乱でした。勝ったのは大海人皇子で，天武天皇になり絶大な権力をふるいました。それは，多くの豪族を味方につけ，他の豪族もふくめ大友方に勝利したということで，大きい権力をもつ天皇として君臨することになりました。だから，8～10程度の危機度と考えたほうがいいと思います」

【参考文献】
・石川晶康『日本史の考え方』講談社現代新書，2004

第4章　「近代」「現代」ウソ・ホント？授業

おわりに

　本書は,「敗戦70年」の年にあたる2015年夏に脱稿した。テレビ,マスコミによる"悲惨な戦争"のシャワーに,ちょっと参っていた8月14日の午前中に,『団地ともお』(NHK)という映像マンガに出会った。ほのぼのとした,あまり勉強ができない"ともお君"が主人公のドラマだが,その感性はステキだ。登校日に以下のことを質問し,先生を困らせる。「先生！　終戦記念日って喜ぶべきなのですか？　悲しむべきなのですか？」と。そして,いろいろ興味をもった彼は,図書館で調べ学習をする。「どうしてエジプトの国境は直線なのだろう」「国境って,あるほうがいいのか？　ないほうがいいのか？」と。戦争体験者の話を聞いた後泣きながら質問する。「悲惨なことはよくわかったけど……僕は何をすればいいのかわからない……」と(言葉はすべて要旨)。"ともお君"の言葉のなかに,私たち教師が授業で大切にしなければならない視点があるのではないだろうか？ "子どもの側から授業をつくる"とは,学習者の視点で,授業のねらい,教材,発問,そして討議課題を組み立てなおすことであろう。"アクティブ・ラーニング"という授業改革が叫ばれている。これは,単なる活動主義ではなく,誰もが"ひとこと"言ってみたい,考えたいテーマ設定から,協働の学びにより,知的興奮を生む授業であろう。

　本書は,前拙書『100万人が受けたい授業シリーズ』の続編である。前書で十分扱えなかった「言語力」「思考力」の育成を軸に,「活用」「探究」力を培う実践事例,歴史の授業方法についても具体的事例を多く紹介した。本書の刊行にあたって,前書同様,企画から刊行まで明治図書の及川誠氏に,校正では西浦実夏氏,姉川直保子氏にお世話になった。また,今回の『続歴史』においては,イラストやマンガの教材は元東大阪の教員だった山本松澤友里さんにお世話になった。この場を借りてお礼を言いたい。多くのみなさんに本書を手に取っていただき,全国の子どもたちの目が輝く授業が広がることを願ってやまない。

河原　和之

【著者紹介】
河原　和之（かわはら　かずゆき）
1952年　京都府木津町（現木津川市）生まれ。
関西学院大学社会学部卒。東大阪市の中学校に三十数年勤務。
東大阪市教育センター指導主事を経て，東大阪市立縄手中学校退職。
現在，立命館大学，近畿大学他，6校の非常勤講師。
授業のネタ研究会常任理事。経済教育学会理事。
NHKわくわく授業「コンビニから社会をみる」出演。

【著書】
『歴史リテラシーから考える近現代史　面白ネタ＆「ウソッ」「ホント」授業』『歴史人物42人＋α　穴埋めエピソードワーク』『「本音」でつながる学級づくり　集団づくりの鉄則』『スペシャリスト直伝！中学校社会科授業成功の極意』（以上，明治図書）
『大人もハマる地理』（すばる舎）他多数
qqt36ps9@tea.ocn.ne.jp

【イラストレーター紹介】
山本　松澤友里（やまもと　まつざわゆり）
1982年大阪府生まれ。広島大学教育学部卒。
東大阪市の中学校に5年勤務。
『ダジャレで楽しむタイ語絵本』（TJブリッジタイ語教室）企画・編集・イラストを担当。

続・100万人が受けたい
「中学歴史」ウソ・ホント？授業

2017年4月初版第1刷刊	©著　者	河　原　和　之
2017年11月初版第2刷刊	発行者	藤　原　光　政
	発行所	明治図書出版株式会社
		http://www.meijitosho.co.jp
	（企画）及川　誠（校正）西浦実夏・姉川直保子
	〒114-0023　東京都北区滝野川7-46-1
	振替00160-5-151318　電話03(5907)6704
	ご注文窓口　電話03(5907)6668
＊検印省略	組版所　株式会社アイデスク

本書の無断コピーは，著作権・出版権にふれます。ご注意ください。

Printed in Japan　　　　ISBN978-4-18-257310-1
もれなくクーポンがもらえる！読者アンケートはこちらから

合理的配慮をつなぐ 個別移行支援カルテ

坂本 裕 編著

すぐに使える！合理的配慮を引き継ぐカルテ＆手引き

自閉症，学習障害，ADHDなどの発達障害のある子どもへの合理的配慮を進学（移行）時にどう引き継ぐべきなのか。1000名を超える調査をもとに設定した各移行期におけるカルテのフォームと手引き，見本をまとめました。教育委員会・学校でそのまま活用できます。

B5判　120頁
本体価格 2,000円＋税
図書番号 1591

アクティブ・ラーニングを位置づけた 小学校／中学校 社会科の授業プラン

小原 友行 編著

即実践できるアクティブ・ラーニングの事例が満載！

「主体的・対話的で深い学び」とのかかわりがよく分かるアクティブ・ラーニングの授業プランを，学年・領域別・単元別に授業中の資料や対話場面も入れた形で豊富に収録。見方・考え方から子供の社会認識のとらえまで、ALの評価の手立ても詳しく解説しています！

小学校編
B5判　136頁　本体2,200円＋税
図書番号 2771

中学校編
B5判　136頁　本体2,200円＋税
図書番号 2548

学級を最高のチームにする極意 365日の集団づくり　中学1年～3年／高校

学級経営の必読書

赤坂真二　編著
【図書番号・2740～2743】
A5判　160～176頁
本体価格 1,760円＋税

★目指す学級を実現する，月ごとの学級経営の極意。
★「学級集団づくりチェックリスト」で，学級の状態をチェック！
★学級経営で陥りがちな落とし穴と克服の方法も網羅。

365日で学級を最高のチームにする！目指す学級を実現する月ごとの学級づくりの極意。発達段階に応じた関係づくりや集団づくりのポイントから、学級の状態をチェックする「学級づくりチェックリスト」、陥りがちな落とし穴と克服法までを網羅。学級担任に必携の書。

明治図書　携帯・スマートフォンからは　**明治図書 ONLINE へ**　書籍の検索、注文ができます。　▶▶▶

http://www.meijitosho.co.jp　＊併記4桁の図書番号（英数字）でHP、携帯での検索・注文が簡単に行えます。

〒114-0023　東京都北区滝野川7-46-1　ご注文窓口　TEL 03-5907-6668　FAX 050-3156-2790

＊価格は全て本体価格表示です。